新版

# エスキモーに氷を売る

ジョン・スポールストラ・著
佐々木寛子・訳

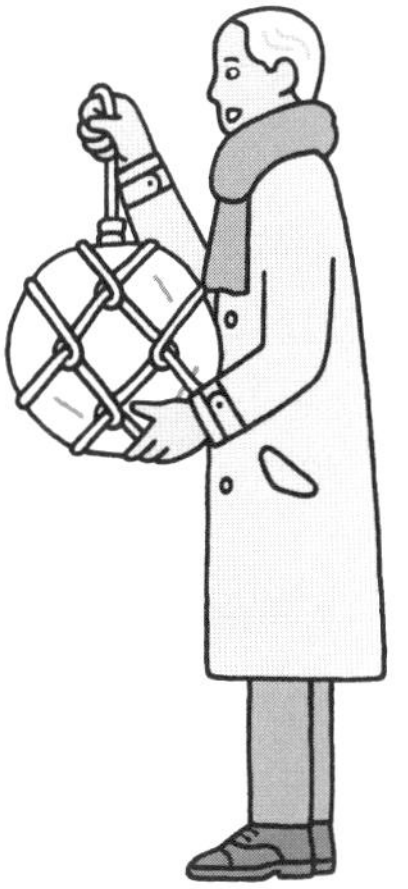

## Ice to the Eskimos

Jon Spoelstra
Hiroko Sasaki



フォレスト出版

ICE TO THE ESKIMOS
: HOW TO MARKET A PRODUCT THAT NOBODY WANTS


Published by arrangement with Harper Business,
an imprint of HarperCollins Publishers,
through Japan UNI Agency, Inc., Tokyo

# はじめに

## 会社の成長が停滞しているとき、やるべきことは何か？

会社の業績が低滞しており、抜本的なテコ入れが必要なとき、何をやるべきか？

ニュースでは、大量の従業員を解雇する、いわゆるリストラを選択する大企業も目立つ。短期的には、リストラで企業の業績は改善するだろう。財務諸表の見た目は良くなる。

でも、経費節減やリストラをしたところで、本当にやるべきことへの着手が遅れるだけだ。

マーケティングによる急成長、事業再建こそが必要なのだ。

そこで、私がおすすめしたい事業成長の秘策が「ジャンプスタート・マーケティング」である。

これから紹介する「ジャンプスタート・マーケティング」の原則から1つを実行するだけでも、かなり前に進める。多くを実践すれば、「エスキモーに氷を売る」ことだってできるかもしれない。

このジャンプスタート・マーケティングをやれば、そもそも解雇などしなくても会社を立て直せる可能性が高まる。従業員を解雇しないことは、他の企業にも有益だ。

なぜなら、自社の従業員は他社の顧客でもあるからだ。従業員（かつ顧客）が解雇されれば、彼らは自分の支出を「リストラ」するしかない。他社としては、従業員の大量解雇をした大企業に「よくもうちの市場を縮小してくれたな」と文句を言いたくもなるだろう。それなら、リストラよりもジャンプスタート・マーケティングで収益を伸ばすほうが、万人にとってずっといいはずだ。

このように、ジャンプスタート・マーケティングなら、自社と従業員を救えるのはもちろん、他社も、自国も、他国も、世界にも役立てるのだ。この戦略とテクニックを使って、ぜひあなたも自社をジャンプスタートさせてほしい。

# 「ジャンプスタート・マーケティング」は、あらゆる業種に役立つ

私は20年近く、NBA（全米バスケットボール協会）のチーム運営に携わってきた。計4チームで働いて、出入りした250人以上の選手とかかわった。

のちほど詳しくお伝えするが、「ジャンプスタート・マーケティング」は、私がNBAのチーム運営を通じて見いだしたマーケティングの原則である。NBAで観客動員数最下位だったニュージャージー・ネッツ（現・ブルックリン・ネッツ　※2012年に本拠地移転）を、27球団中チケット収入伸び率1位にまで導くことができたマーケティング手法だ。集客やファンの囲い込み、高い収益を確保するために、どんなマーケティングをすればいいのかをわかりやすく解説していく。

よって、ジャンプスタート・マーケティングの原則を説明するのに、本書ではスポーツチーム運営の事例をたくさん出す。だからと言って、スポーツファンでなければ、本書のマーケティング原則を理解しづらいかと言えば、ずばりノーである。

誤解しないでほしいのだが、本書は「スポーツマーケティング」の本ではない。

本書を読めば、ジャンプスタート・マーケティングの原則と考え方を、自分の仕事の領域に応用できるようになる。スポーツ好きの人なら、事例はよりおもしろく読めるだろうし、応用して考えやすいだろう。

なお、ジャンプスタート・マーケティングの原則を、読者のあなたが自社の仕事にうまく活用できるよう、各章の終わりに簡単なテストを設けた。テストを通じて、自分事として考えてみてほしい。

このテストは「資料持ち込み可」なので、各章を見返して答えを探してもOKである。本書には答えが載っていない問題もある。自分なりの答えを考えてほしい。問題はいずれも、ジャンプスタート・マーケティングを自社のビジネス領域に応用するための設問になっているので、ぜひ活用してほしい。

## 第3章 顧客が買おうと思う少し前にアプローチする



## 第4章 新規顧客の獲得には、社長が率先して取り組め

## 第9章 常に顧客のいる場の空気を感じる



## 第10章 自社商品に興味がある人だけをターゲットにする
### ――セグメント・オブ・ワン・マーケティング

## 第11章 リサーチに騙されちゃいけない



## 第12章 クライアントを正真正銘のヒーローにする

## 第15章 間接部門をマーケティングツールとして活かす



## 第16章 捨てる顧客は選べ

## 第17章 経営が厳しいときほど、営業を増やす

装幀◎河南祐介（FANTAGRAPH）
カバーイラスト◎朝野ペコ
翻訳協力◎株式会社トランネット（www.trannet.co.jp）
本文デザイン&図版作成◎二神さやか
本文DTP◎株式会社キャップス

# 第1章

# 「己を知る」がマーケティングの原点

## ジャンプスタート・マーケティングの始まり

私にとって「ジャンプスタート・マーケティング」の始まりは、1991年のクリスマスのあと、年末の日曜の夜11時にかかってきた電話だった。

「アラン・アウフゼンだ」と声の主は名乗った。

「ニュージャージー・ネッツの会長だ。君にチームのコンサルティングをお願いしたい、来てくれないか」

「興味ないです」と私は答えた。11年もポートランド・トレイルブレイザーズの副社長兼GMを務めた後（自分から辞めた）、90日間デンバー・ナゲッツの社長兼GMをやって（クビにされた）、大学の非常勤講師の仕事を楽しんでいたところだった。

「コンサルティングが駄目でも、せめてニューヨークで食事をしながらちょっとアドバイスしてもらえないか」とアランは言った。「旅費は全部こちらで出すし、もちろんギャラも払う。いくら出せばいい？」

ニューヨークまで晩飯に行きたいとは思わない。

ニュージャージー・ネッツの共同オーナー7人は、ケチな野郎揃いだと悪評が高い。だから私は無茶な金額をふっかけて、ニューヨーク往復もファーストクラスを要求した。受け入れられるはずがないと思っていたから。

だが、アランは言った。

「わかった。水曜の夜はどうだ」

こうして歴史は始まった。このディナーがなければ、その後の4年半のネッツでのマーケティング経験（2年はコンサルタントとして、2年半は代表兼COOとして）もなかったし、その経験がなければ、ジャンプスタート・マーケティングの真髄を知ることもなかっただろう。他のマーケティング専門の経営者と同じように、まともな商品を、まともにマーケティングしていたと思う。ネッツで仕事をするまでは、これほどの難題を抱えたことはなかった。歴史上どんなマーケティング担当役員もここまで追い詰められたことはないはずだ。

でも、この並外れた困難がなければ、他のどんな製品、企業、領域にも応用が効くようなジャンプスタート・マーケティングの技法は見いだせなかっただろう。

## 商品の現状を分析する

売れない商品には、あってはならないところに商品の欠点や弱点があるものだ。

ニュージャージー・ネッツのコンサルを受けることになった私は、まず商品、つまり、チームという商品の現状を把握することからスタートした。一緒に見ていこう。

**①売上が最下位**

全27商品（チーム）中、堂々の27位。これが現実だ。私はコンサルタントとしてこの事実に直面した。共同オーナー2人との食事に呼ばれた時点で、ネッツの興行収入はNBAで5年連続ぶっちぎりの最下位だった。他のチームの尻も見えないほど独走状態のビリだ。もし連続最下位が名誉なことだったら、ネッツは「殿堂入り」して、アリーナの柱に飾られていただろう。

**②成績も最悪＝商品がひどい**

歯磨き粉メーカーでマーケティングをしていて、自社製品がガソリンみたいな味だったらどうだろう。ネッツは過去5年、NBAで最下位か、下から2番目ばかりだった。商品力が圧倒的にないわけだ。試合内容も悲惨なうえに、編成もめちゃくちゃで、まともなファンならついていけない。数字を見れば一目瞭然だ。

「なるほどね」と膝を打つ人もいるだろう。「弱いチームじゃ、観客動員は悪くて当然だ。勝てば客は集まる。勝てないチームに客は呼べない。わかりきったことだ」

## ネッツの過去5年の戦績

| シーズン | 成績 |
|---|---|
| 1990-91年 | 26勝56敗 |
| 1989-90年 | 17勝65敗 |
| 1988-89年 | 26勝56敗 |
| 1987-88年 | 19勝63敗 |
| 1986-87年 | 24勝58敗 |

これは論理的なようでいて、実は間違いだ。常勝チームがアリーナを満席にできないことはよくある。**最高品質の商品だからといって、売り上げと利益が自然に1位になるわけではない**のと同じだ。

例ならいくらでもある。米国だけではない。チームが勝ってもアリーナや球場に客が入らない事象は世界中で起きている。アトランタ・ホークスを見ればいい。1993－94シーズン、NBA東部リーグで最高の戦績を残したが、観客動員数は下から2番目だ。

日本の野球チーム、西武ライオンズはどうだ。11年間に日本シリーズを7回優勝しているが、観客動員数は実に平凡だ。

スペインのプロ・バスケットボールのレアル・マドリードも同様だ。1990年代に3年連続で欧州チャンピオンになったのに、アリーナの半分は空席だ。しかも、マドリードにもう1つあるチームは弱いのに集客は良かった。同じアリーナを本拠地としているのに、である。

このとおり、「チームが強ければ客が入る」というのは論理的なようでいて、正しくない。良い商品さえつくれば市場シェア1位が取れるわけではないのと同じ話だ。

### ③商品が呪われている

興味深い問題だ。ネッツには呪いがあった。「ドクターJの祟り」というやつだ。かつて存在したNBAのライバルリーグ、ABAでは二度チャンピオンを獲得したネッツだが、NBAに移ると極度の資金難にあえいだ。その解決策として、ユリウス・アーヴィング、通称ドクターJを売り払った。フィラデルフィア・セブンティシクサーズと金銭トレードを行なったのだ。マイケル・ジョーダンの登場までは、ドクターJこそが歴代最高のスター選手だった。もしシカゴ・ブルズがジョーダンを売りに出したら、シカゴのファンがどう反応するか想像できるだろう。ドクターJを売って以降、ネッツは低迷した。チャンピオンから最下位集団へ。これが「ドクターJの祟り」である。

## ④ホームタウンでも一番人気の商品になれない

ネッツは地元ニュージャージーでも一番人気のチームではなかった。これは企業の直営店で広告し放題、陳列も目立つ棚を取れているのに、競合商品がよく売れている状況に等しい。

名門ニックスはニューヨーク州、ニュージャージー州北部、コネチカット州南部にファンを抱えている。そこの人々は生まれながらのニックスファンだ。ニュージャージー州でもニックス人気はネッツより上だった。ニックスがハドソン川を渡ってネッツとの対戦に来るたび、ファンは湧いた。ネッツの本拠地ニュージャージーでも、ホームチームとして有利に試合を運ぶのはニックスなのだ。ネッツが巻き返そうとすれば、「ディフェンス！　ディフェンス！」の大合唱がアリーナを埋め尽くす。ポートランド・トレイルブレイザーズでの11年間、私はこんな光景を見たことがなかった。

## ⑤消費者にアイデンティティがない

消費者は商品に愛着を持つのがふつうだが、ネッツの場合は違った。ニュージャージー州の人は州に愛着がない。どういうことか説明しよう。

米国では、州最大の都市を「自分の街」だと意識するのが一般的だ。地方紙や地元テレビ局が、その都市から「州の声」として流れる。だが、ニュージャージーでは事情が異なる。州最大の都市はニューアークなのだが、ニュージャージー州の人は、州都ニューアークの存在すら認めたがらない。愛着や地元意識など持てるわけがない。

ニューアークの存在を無視するうえに、州民は毎日、ニューヨークのメディアからの情報ばかりを過剰摂取させられている。主要テレビ局、ラジオ局はニューヨークが拠点だし、州内にも主要新聞は2紙ある（ニューヨークは4紙）が、スポーツ欄はニューヨークの話が中心だ。ケーブルテレビのスポーツ専門局は2つともニューヨークのチームの試合を流している。

さらに厄介なのが、ニューヨークの住民にとってニュージャージーは、アイオワ州スー・シティやらカナダのエドモントンとさして変わらないという点だ。ニューヨーカーが、アイオワ州スー・シティまでわざわざスポーツ観戦に行く理由はない。同様に、ニュージャージーに行ってネッツの試合を見る理由はないのだ。ニックスのビジター戦ならともかく。

## ⑥問題の多い経営体制

ふつうの商品や企業なら、オーナーの顔や名前は世間一般には知られていない。だがスポーツ界は違う。ネッツの共同オーナー7人は「セコーカス・セブン（7人衆）」として新聞によく取り上げられていた。

自分や仲間のオーナーがあれこれメディアで言われるのはうれしいものではない。経営に苦戦しているとか、またしくじったとか。ちょっと散歩に出たらすぐ迷子になるキャラクター扱いだ。

実際にはセコーカス・セブンはいい人たちで、頭も良く、個々としては成功者だし、目的意識もしっかりしていた。

彼らの資質に問題があるのではなく、経営構造が問題だった。CEOを立てずに、オーナーがチーム経営の責任を分担している。1人は選手の人事をやって、別のオーナーはマーケティング、もう1人は財務、という具合だ。そのせいで、7つの声がまとまっていない。経営方針も7人7色に違う。どう考えても、迅速な意思決定などできそうにない。

## ニュージャージー・ネッツを売り込む施策

このような現状を踏まえたうえで、私たちは次のように考えた。

### ①マーケットを設定する――勝てる市場を見極める

ニュージャージー北部をターゲットに設定する。ニュージャージー州自体はマーケットとして優良だ。ニュージャージー州北部を切り抜いてネブラスカ州の真ん中に置けば、全米8位の商圏になる。キラキラしたニューヨークと比較すれば地味だが、ニュージャージーはそれなりの大都市で経済活動も活発だ。全米8位の大都市で、プロスポーツチームの経営が成り立たないわけがない。

たしかにマンハッタンは魅力的だけれど、この残念なチームのマーケティング上は不要だ。

うまくいっていない製品のマーケターは、勝ち目のない市場やセグメントを相手に勝負をしたがるものだ。そのマーケットがあまりに魅力的で、引き寄せられてしまうのだろう。その結果、船は座礁《ざしょう》する。岩に乗り上げて死にたくないなら、悪魔のささやきに惑わされないよう、乗組員の耳に蜜蝋を詰めることだ。ついでに自分の耳にも詰めておこう。

スポーツ用品の小売店ハーマンズは、全国チェーンになれると考えてしまった。全国各地にマーケットを拡大すべく巨額を投じた。スポーツ用品の全国チェーンの収支について、都合の良い予測を立てていたのだろう。甘い誘いに乗った結果、ハーマンズは連邦破産法第11条の適用を受け、東海岸3州に縮小した。

### ②商品の売り方を考える――「敵チームで集客する」という逆転発想

ネッツを従来型の「地元チーム」として売り出すことはやめた。地元愛のない人を相手に、

## ネッツと他チームとの違い

| 商品特性 | 他チーム | ネッツ |
| --- | --- | --- |
| チームの強さ | ある | ない |
| 強くなる見込み | ある | ない |
| 地元の応援 | ある | ない |
| 人気選手 | ある | ない |
| 呪い | ない | ドクターJの祟り |

地元チームという売り文句が響くわけがない。たとえ地元意識があったとしても、こんなみっともないチームを地元の象徴だと思いたい人はいない。地元愛に訴えるマーケティング手法を採用して、これまでネッツは失敗してきた。

そこで私たちは、マンハッタンをターゲットから外したのと同様、「ホームタウン」という概念も捨てることにした。もしギネスブックに「地元意識を持たない初のスポーツチーム」という項目があったら、ネッツが認定されただろう。しかし、マンハッタンにも売り込まず、地元推しもしないと決めたら、いったい誰に向けてマーケティングをすればいいのか。

まあ、地元だ。

ただし、ネッツ自体は売りにしない。敵チームで集客するのだ。奇妙に聞こえるかもしれないが、相手チームだって私たちの商品の一部ではある。

他チームにあって、ネッツにはない特徴は何だろうか。ずばり、スター選手である。

ネッツとしては、弱い自チームの選手を売り込むつもりはなかった。マイケル・ジョーダン、シャキール・オニール、チャールズ・バークレイ、パトリック・ユーイングなど、他チームの大物選手で集客すればいい。

こうした大スターを見たくても、ダフ屋に大枚を叩かなければマディソン・スクエア・ガーデンのチケットは取れない。でも、ニュージャージーでなら、スター選手が簡単に見られる。対ネッツ戦ばかりなのは申し訳ないけれど、スター選手にも、どこかしら対戦チームは必要なのだ。


どんな商品にも、何かしらの良い点はあるはずだ。自社商品で売りになりそうな特徴は何だろう。ジャンプスタートが必要なほど窮地に陥った商品や会社は、おそらく間違った特徴を選んでマーケティングをしている。

ネッツをじっくり精査してみると、通常のプロチームには当然あるべき特徴が皆無だった。そこで、ありもしない特色をでっち上げて消費者に押し付けるのをやめて、実在する属性をアピールすると決めた。そう、「他チームのスター選手が見られること」を売りにしたのだ。

この手法は、他の商品でも有効だろうか。もちろん使える。乗用車や航空券、ハンバーガーなどで、商品の特徴をうまくピックアップして成功した事例は存在する。

たとえば、1960〜70年代のバーガーキングだ。バーガーキングはマクドナルドに本気で挑戦していた。マクドナルドは店舗数も多く、広告費も圧倒的で、ポテトもうまい。店内も清潔だし、人気キャラクターのドナルド・マクドナルドが子どもにも人気だった。あらゆる点でマクドナルドの圧勝だった。

バーガーキングの特徴は2つだけ。「ワッパーはビッグマックより大きい」「鉄板を使わず網で直火焼き」。それ以外は、いくら探しても何の取り柄もない。でも、この2つが強烈だったので、ファストフード業界で揺るぎないナンバー2の座に着くことができた。

ところが、ここでバーガーキングは悪魔のささやきを聴いてしまう。

悪魔のささやきは子どもたちだった。同社は、2つの特徴でいつまでもやっていく路線を捨てて、子ども相手に商売をしようと企む。しかし、鉄板か、直火焼きかを、子どもが気にするだろうか？　ワッパーのほうが大きいのは、子どもにとって重要なことか？　何なら子どもの小さな手にはワッパーは大きすぎて食べづらい。マクドナルドはアメリカ中の子どもの心をわし掴みにしている。バーガーキングがマクドナルドから子どもをさらってくるには、親を引き寄せるしかない。でかい網焼きバーガーが好きな大食いの親だ。親は子どもをバーガーキングに連れてきて、ワッパーJr.を買い与えるだろう。

しかし、バーガーキングは耳栓をせず、悪魔のささやきを聴いてしまう。そして見事に座礁し、ほとんど死にかけた。

売りになる特徴を掴んだら、それを安易に手放してはならないのだ。

### ③戦略ターゲットを決める

ネッツは、「家族のエンターテインメント」に焦点を絞った。ふつう、プロのスポーツチームは企業に年間シートを売って成立している。ニックスの試合に行けば、濃紺にピンストライプのスーツを着た集団に囲まれるはずだ。企業国家アメリカの金満っぷりに触れたいなら、ニックスの試合に行けばいい。そもそもプロスポーツと企業の関係には長い歴史がある。ニューヨークでは、仕事上がりに何杯か引っ掛けて、タクシーでマディソン・スクエア・ガーデンに乗り付けてニックスの試合を見るのは一種の伝統なのだ。

大半の業界では、プロスポーツの年間シートが企業文化に組み込まれている。企業は得意先の接待や従業員の慰労にチケットを使うのだ。ただし、ニュージャージーではそうなっていなかった。全然だ。

私たちはニュージャージー州北部の主要企業200社をリストアップして、年間シート購買者リストと付き合わせてみた。ネッツの年間シートを購入していた企業は、たったの12社だった。ニックスの法人顧客が何社あるかは知らないが、ニューヨークの主要企業上位200社のうち、ニックスの年間シートを買っていない企業は、おそらく12社未満だと思う。そこで法人営業の強化部隊を組織した。

とはいえ、基本的にネッツは、**個人向けマーケティングに重点**を置いた。**個人ファンとその家族**がターゲットだ。その一環として、ネッツの試合を**「家族向けエンターテインメント」**としてポジショニングを行なった。

あなたが濃紺にピンストライプのスーツを着たビジネス・エリートでも、もちろんネッツの試合に来てかまわない。濃紺・縦縞スーツだって同じ人間だ。全員が冷血なリストラ・マシーンではないだろう。濃紺スーツにも家族はいる。ネッツの場合は、「家族向けエンターテインメント」だと明確に打ち出し、そこで差別化しようと考えた。

## 自分が何者なのか、本当にわかっているか？

この章の話を馬鹿馬鹿しいと思った人もいるだろう。どんな企業だって自社のことはよく理解できているはずだ、と。

ところが、そうでもないのである。巨大企業でも、途中でアイデンティティを見失うことはある。ゼネラル・モーターズ（GM）はどうだろう。GMは、ハワード・ヒューズの航空機製造会社とロス・ペローのIT企業を買収した。GM会長のロジャー・スミスは、乗用車やトラックのメーカーを脱して、GMを多角化企業に変えたかったのだろう。結局、乗用車やトラック事業も苦境に立たされた。

どんな業界にも、悪魔のささやきに魅了され、その会社らしさがブレてマーケットを見失う企業はある。なにも「別の事業に手を出すな」と言っているわけではない。多角化してもかまわないが、日々の生業とは切り離して管理すべきなのだ。

ネッツは、ようやく「自分たちは何者なのか」を突き詰めることができた。そのプロセスで「自分たちは何者でないか」をはっきりさせた。私たちはニックスではない。地元の誇りでもない。マンハッタンの人向けでもないし、大型法人向けでもない。ネッツはこうなのだ。
①ターゲット市場はニュージャージー北部である。
②ターゲット顧客は、ＮＢＡのスター選手を見たい人だ。
③個人ファンに手厚く、ファミリー・フレンドリーであることが売りだ。

さて、自分が何者かがわかったら、その自分を売り込む番だ。

ネッツは、獅子奮迅の営業活動を行なった。

**4シーズンで観客動員数は飛躍的に伸び、最下位（27位）から12位まで上がった。**来場者数が増えれば、ホットドッグやビール、駐車場などの関連収入も増えるし、何より地元企業のスポンサー収入が増えた。試合に多くの人が来るようになれば、地元企業の協賛も取り付けやすくなる。4年で地元企業によるスポンサー売り上げは、40万ドルから700万ドルまで増加した。

あなたがネッツのオーナーなら、事業成長に満足しているだろう。相変わらずチームは弱いままだが、利益は出せている。4年前、「ファイナンシャル・ワールド」誌はネッツの売却価値を5200億ドルと見積もっていたが、マーケティング戦略を変えて以来、企業価値は9200億ドルまで上がった。

**ニュージャージー・ネッツはマーケティング手法のリトマス試験紙**だと言える。ネッツでうまくいく手法なら、どんな商品にも応用できるだろう。各手法によって効果は異なるが、うまくいった1つに**「即効薬」タイプの施策**がある。次章で説明しよう。次章に進む前に、ちょっとやることがある。時間はかからない。次のテストに答えてみてほしい。

## 第1章　まとめテスト

①乗組員（と自分）に耳栓をすべき市場はどれだろう？

②自社にとって成功の可能性が高い市場はどれだろう？

③自社商品のマーケティングで使うべきでない自社の特徴は何か？

④自社の商品や事業をジャンプスタートさせるために一番使えそうな特徴は何か？

# 第1章 テストの答え&解説

**①の答えと解説**

おそらく参入したい市場があるのだろう。ちょっとした実験的な参入なら構わない。「資金と労力を本業と同じように投じるな」ということだ。実は悪魔のささやきかもしれない。その声に聞き惚れているうちに失敗するのは嫌だろう。

**②の答えと解説**

その市場で成功するチャンスが高いなら、そこにもっと資金や人材を突っ込んで勝負すべきだろう。成功は大きいほうがいい。

**③の答えと解説**

時には、短所に見える特徴が売りになることもある。「リステリン、1日2回のマズい習慣」という売り文句がそれだ。だが、たいていの場合は、欠点をさも長所のように宣伝したら、会社も商品も信頼を失う。ネッツを「最高にバスケットボールがうまいチームだ」と言ってもダメだろう。誰も信じないし、そのせいで他の良い特徴まで信じてもらえなくなる。どんな商品にも欠点はあるものだ。嘘をついて消費者を騙すのはやめよう。

**④の答えと解説**

たいていの場合は、1つ売りがあれば、それでうまくいくものだ。競合他社より優れた特徴は何だろう。2番目に良いのは？　そんなふうに考えてみよう。

ネッツについても、そうやってきた。ネッツの軌跡を示すために、史上最高に客が呼べるスター選手、マイケル・ジョーダン関連のデータを見てみよう。1991〜92年のシーズン、シカゴ・ブルズはNBA2連覇を目指しており、同シーズン、プレーオフも含めて、ジョーダンは102試合に出場した。うち100試合ではチケットが完売した。

残りの2試合が、ネッツの本拠地メドウランズ・アリーナでの試合だ。実際、ネッツはその年、満員御礼の試合はゼロだった。それ以前の4年なんて見られたものじゃない。

そこで、ジョーダンをラリー・バードやマジック・ジョンソンら花形選手とセットにして、ネッツの実力以上の観戦パッケージをつくった。

翌シーズンは、この観戦券セットを売って、メドウランズ・アリーナで5回の完売を達成した。僕のマーケターとしてのキャリアで、おそらく最も困難な仕事だった。翌年には12試合が完売となり、次の年は19試合、そして22試合と完売試合を増やした。

本書を執筆している今シーズンはすでに35試合を完売させている。

観客動員や完売試合が増えれば、売り上げも比例して伸びる。ジャンプスタート・マーケティングの原則を使って4年で、ネッツのチケット売り上げは500万ドルから約1700万ドルまで伸びた。

# 第2章

# 既存顧客の購入頻度を高める

# まずは既存顧客で売上をつくる

「わかりやすい即効薬が自社にもあればいいのに」と思うことはないだろうか？

これが、存在するのだ。こんなうれしい話はないだろう。

とはいえ、誰もがすぐに使えるわけではない。利用条件が整っていないと使えない。

前章を読んで、自分がいったい誰なのかは理解できている状態だとしよう。そのうえで、即効薬を使って売り上げを伸ばしたい。あなたなら、どうする？

（A）大規模なテレビCMキャンペーンを展開する。
（B）新聞に全面広告を出す。
（C）名簿を購入して、パンフレットを大量に送る。
（D）電話帳を開いて片っ端から電話をかけて、自社製品をPRする。
（E）A〜Dのすべて。
（F）どれも当てはまらない。

答えはF、「どれも当てはまらない」が正解だ。

正しい行動は、「既存顧客一人ひとりに、もう少し買ってくれるように直接頼む」ことだ。

大事なことだから、繰り返しておこう。

「既存顧客一人ひとりに、もう少し買ってくれるように直接頼む」、これが即効薬だ。

顧客の名前、住所、電話番号、メールアドレスなどを知っていれば、即効薬を今すぐ使える。知らない場合も、落ち込まないこと。そういう企業は多いものだ。顧客の個人情報を知らない場合は、まず情報の取得をして、即効薬（というほど速攻はできないので「そこそこ即効薬」とでも呼ぶ）を使える準備を始めよう。

## 顧客の個人情報をつかむ仕掛け

レストランのレジ付近にボウルが置いてあるのを見かけたことがあるだろう。「ボウルに名刺を入れた人の中から抽選でランチを無料プレゼント」というやつだ。私はいつも、店のレジ係に「ハズレだった名刺はどうしているのか」と尋ねるのだが、相手は「知らない」と肩をすくめるか、「当選者を決めたら残りの名刺は捨てる」と言うかだ。

ちょっと考えてみてほしい。もしも店のオーナーが、名刺を入れた客に宛てて、その日のうちに手紙やメールを送ったらどうだろう。「ご愛顧に感謝します。ぜひ再来店を」という内容だ。「10日以内に再来店のうえ、スタッフにこの手紙についてお伝えいただければ、デザートまたはコーヒーを無料にします」というものだ。

この施策はレストランの業績に効果があるだろうか？

あるに決まっている。2週に一度のペースで来店していた客が、手紙やら無料のデザートかコーヒーを気に入って、週1回来てくれたらどうだろう。

来店頻度が少し上がるだけでも、売り上げは急上昇する。他に集客施策をしなくても、自分から店に足を運んでくれた既存客だけで、ビジネスを拡大できる。これぞ即効薬だ。

## リストを掘り起こす

数年前、自分で事業をしている友人が、よくある経営課題で悩んでいた。ちなみに彼の事業は、砂の中から小銭を採掘する珍妙な装置の製造販売だ。ビーチに行く人には見覚えがあるかもしれない。ゴルフクラブほどの長さの棒に、直径約30センチメートルの円盤と、小型の金属探知機がついている。棒の持ち手側のメーターで、足元に小銭があるかがわかる仕組みだ。

友人は、その機器の改良版をつくったのだが、広告費もなければ、店の棚取りをする力もなかった。銀行には融資を断られていた。

「何かアドバイスはないか」と、ビールを飲みながら、友人は尋ねた。

「製品購入者の名前と住所はわかる？」と私は聞いた。

「いや。小売店で売ってるからな。店側が購入者名を控えているとは思えない」

彼はビールをひと口飲んで考えた。もうひと口。

「待てよ」と言った。何かを思いついたらしい。

「購入者から送られてくる保証書なら何箱もある。うちの製品は絶対に壊れないから、箱に入れたまま放置してあるけど、一つひとつに購入者の名前、住所、電話番号が書いてある」

「それだ！」と私は言った。

約5000人の名前があった。この人たちは確実にその機器に関心があったはずだ。買ったんだから。その中には、最新の改良版に興味を持つ人もいるだろう。それが誰かを調べるには、郵送費が1500ドルかかる。便箋や封筒は備品にあるから、送料以外の現金支出は不要だ。メールアドレスであれば、送料も不要になる。

私は尋ねた。「小銭探知機はいくらで売れるんだ？」

「900ドルだ」と友人は言った。

（とんでもない量の小銭を見つけないと、購入者は投資を回収できないな、と私は思った。）

「製造原価はいくらで、直近で現金で支払うのはいくらになる？」

「原価は1個150ドルくらいかな。他の製品用に材料の在庫があるから、それで100個くらいはつくれるよ。問屋を通して店舗で売った場合、入金まで2、3カ月かかるけど」

「ってことは、新製品をつくって売るのに、直近では現金の支払いは発生しないんだな」と私は言った。

友人はうなずき、ビールを飲み干すと、もう1杯注文した。

私は紙ナプキンに計算式を書いた。

まず、900ドル。

その下に100と書いて、「×」をつけた。

これはDM経由の見込み購入者数だ。注意が必要なのは、これが一般消費者向けのDMではない点だ。一般消費者を相手にしたら、この商品に興味を持つ人は1000人に1人、いや10万人に1人もいないだろう。今回は、友人の商品に「満足した」顧客リストへのDMだ。**過去にこの商品を購入して、自宅の裏庭や浜辺に埋もれた財宝探しを真剣にやった人だけを対象としたDM**なのだ。

2つの数字を掛け合わせた。

９００ドル×１００人＝９万ドル

私は友人に紙ナプキンを見せた。

「これだけあれば、小売店の開拓ができる？」

友人は唖然《あぜん》としていた。

「既存顧客へのＤＭ経由で１００台以上は売れると思う。おそらく５００台はいけるね。この装置をつくる材料は、どのくらいあれば買える？」

「現金払いなら、そう長くはかからない」と友人は言った。「１週間だな」

私は紙ナプキンに新しい数字を書き出した。今回は、装置の価格（９００ドル）にＤＭ経由の追加売上台数を掛けた。

９００ドル×４００台＝36万ドル

「ジャスト・イン・タイム方式（トヨタのカンバン方式）で、部品業者を動かそう。注文を受けて、現金が入ったら、その都度、部品業者に頑張ってもらうことになる」

さて、私は２つの計算の合計を書き出した。

9万ドル＋36万ドル＝45万ドル

友人は呆然とナプキンを見ていた。しばらくその数字について考えているうちに、正気を取り戻したようだ。問題に気づいたらしい。

「客に直接売ったら、既存の販路を失うリスクがある。結果、今までの売り上げを下回ったらまずいよね」

私は友人に、DMによる直販は「市場への種撒き」になる、と伝えた。販売店での認知度UPにもつながるはずだ。でも、安心したいなら、販売店や卸売業者も巻き込む方法もなくはない。既存の販売店には、店舗と同じ郵便番号のエリアの売り上げから10％を渡す。問屋には5％だ。両者にとっては天国からお金が降ってきたようなものだろう。

紙ナプキン上の計算が正しければ、小売店と問屋は何もせずして6万7500ドルを受け取ることになる。どちらも、在庫リスクを負わずに儲かるわけだ。

ただし、注意事項が1点ある。現金は渡さない。この注目の新商品に今後、発注があった際にはこの掛け金から相殺するのだ。

私たちはDM施策に取り組んだ。ピカピカの立派なパンフレットをつくる予算はないので、

「社長からの4ページの手紙」という仕立てにした。全5000通。友人に直筆でサインを入れさせた。

内容はシンプルだ。技術が大幅に向上したこと。そして、「小売店での一般販売より前に、まずご愛顧いただいた方にお届けしたい」と友人は書いた。

反響は10％を超えた。現金とヒット商品を手にした友人は、その後、事業を売却した。

## ニュージャージー・ネッツの顧客情報の状況

オーナーとの会食から数週間後、私はニュージャージー・ネッツと契約し、コンサルティングを請け負うことになった。勤務初日から有能さを見せつけたかったので、即効薬を使おうとした私は絶句した。

ネッツの実情はこうだった。

### ①コンピューターの容量の節約に尽力していた

ネッツは今季の年間シート保持者の名前をコンピューターに保存していた。それは良い。

だが、昨季の名簿はなかった。一昨年の名簿もない。これは、あまりよろしくない。

「ハードディスク容量を節約するために、毎年消去しているんだ」とのことだった。ネッツの年間シートの契約更新者は約70％にとどまるため、名簿が残っていれば、かつての購入者の約30％を即効薬の対象候補にできたはずだった。

当然ながら、ハードディスク容量のコストなど微々たるものである。

一方、購入履歴のある人の名簿を入手するのは大変だ。ネッツは、リストのデータを3割も消去していた。その3割がネッツに不満だ（だから未更新なのだろう）としても、他チームのスター選手が揃う特別前売り券セットの販売ターゲットとしては、申し分なかったはずだ。

### ②未来の顧客の名簿も捨てていた

プロスポーツのすばらしい点は、関心を持ってくれるファン（＝見込み客）の存在だ。ファンはチームに電話して試合のスケジュールを確認する。このように大量の潜在顧客が向こうから企業を探し出して、わざわざ「私は見込み客です」と教えてくれるようなビジネスは珍しい。

ネッツは、こうした要望には真摯《しんし》に対応していた。学生バイトが封筒にファンの名前と住所を書き（手書きで）、シーズン日程表を入れて郵送していた。

日程表を欲しがるファンは何千人もいた。だがチームは、その名前と住所を保管していなかった。これでは即効薬は打ちようがない。

### ③名簿リストを「見ざる聞かざる」の文化があった

クレジットカードを使ってチケットマスター（米国のチケット販売会社）から電話購入をする場合、チケット購入者は自分の名前と住所を伝える。それを元に、チケットマスターはチケットを郵送する。

これらはすばらしい名簿になる。ブルース・スプリングスティーンのライブであれ、バーブラ・ストライサンドのコンサートであれ、ネッツの試合であれ、チケットマスター上の名前は「そのイベントに関心があります」と名乗った人たちだ。

また、チケットマスターを経由すると4〜6ドルの手数料が加算されるので、割高な料金を払ってでもチケットが欲しい層だとわかる。ネッツはチケットマスターのシステムを使用しているので、その購入者名簿がダウンロード可能だ。ただし「希望していれば」の話だ。ネッツは希望していなかった。

まさに、客の名前を残さないことが、ネッツの企業文化になっていた。年間シート所有者の名簿も今季分しか持とうとしない。更新手続きをしなかったファンの名前は、共産主義時代のロシアのように、歴史の本から抹消された。

## 「そこそこ即効薬」を使えるようマーケティング準備開始

私はネッツのコンサルティングを始めたのは、1991年5月だが、その時点でNBA全27チーム中16チームはプレーオフの最中だった。82試合中26勝のネッツは、すでにシーズンを終えていた。だが、このみじめなシーズンが終了する前から、チームは次のシーズンに向けて始動していた。来季チケットの販売シーズンは開幕しているのだ。

ニュージャージー州の企業向けの法人営業スタッフを配置したのも重要だが（第17章参照）、同様に重視したのは、既存のネッツファンのデータベースを構築することだ。

さて、どこから始めるのがいいか——。

### ①過去の顧客リストの復元

シーズン終了後、チケットマスターのデータは消去されるのだが、同社は予防措置をとっていた。5年分のファイルを磁気テープに記録してアーカイブ保存していたのだ。私たちはそのデータを回収し、ネッツの年間シート購入者の名前と住所をデータベースに移管した。チケットマスターのシステムでは、複数リストの名寄せができなかったし、ネッツには、ろくにコンピューターもなかったので、私たちはアルバイトに手作業でやってもらった。

ネッツはついに大胆な一歩を踏み出し、**年間シート非更新者をターゲット顧客としてリスト化**し始めた。なぜ非更新者がターゲットに最適だと考えたのか？

理由はこうだ。

**◎別の商品だから**

顧客は当時、全41試合分の年間シートを買う金銭的余裕がなかったのかもしれない。その場合、14試合のセットをつくれば喜んでくれる可能性はある。

**◎以前は関心を持ってくれた人だから**

常に低迷しているネッツへの興味は失っていても、我々の商品の売り――マイケル・ジョーダンやシャック（シャキール・オニール）などNBAのスーパースターを擁する相手チーム――にはまだ関心がある可能性が高い。

### ◎アリーナへの行き方を知っているから

立地や交通アクセスについて何も考えていない企業は多い。従業員は毎日出勤してくるから、問題ないと思っているのだろう。とはいえ、その企業に行ったことのない人にとって、馴染みのない場所に出向くのは気が重いものだ。それが嫌で行かないケースもある。

### ②さらに顧客リストを強化する

チケットマスターに依頼して、ネッツ戦のチケットをクレジットカードで購入した人を検索してもらうと、何千人もいた。単発チケットの購入者は、1シーズンに平均3試合は観戦している。その観戦頻度を5試合、7試合と増やすべく、DMのターゲットにしようと考えた。

こうして「単発観戦者」の観戦頻度を上げれば、将来的には何十万ドルもの売り上げUPが期待できる。

### ③見込み客を含めた顧客リストの徹底収集

ネッツが封筒に住所氏名を手書きしていたのは、オフィスにコンピューターが4台しかなかったせいでもある。1台は役員秘書用、1台は別の役員秘書用、1台はチケット売り場用、1台は経理部用だった。

コンサルタントとして最初に命じたことは、収益改善ではなく、まずコンピューターを買うことだった。とりあえず4台購入した（2年後、ネッツに正規で雇用された際には、全員のデスクにコンピューターを設置し、合計40台以上となった）。

ファンから「試合の日程表が欲しい」と電話が来たら、スタッフはそれをデータベースに入力するようになった。もちろんファンには日程表を送った。ネッツは「試合日程を知りたい程度にはネッツに興味のある人」の連絡先を入手した。

ようやく**「個人情報はすべて手に入れる」**という意識が組織内に定着してきた。私はスタッフに無茶な目標を課した。

**「来年は、チケット購入者全員（男性、女性、子ども、ニックスのファンも）の連絡先を入手すること」**

もちろん、100%は無理だろうが、そこを目指したい。

同時に、私はスタッフにもう1つ、無理難題を課した。

**「試合に来る、来ないは問わず、ネッツおよびNBAのファン全員の個人情報を集めること」**

というものだ。私たちはニュージャージー州北部のネッツファンをしらみ潰しに捜索した。子どもからのファンレターまでチェックしたほどの徹底ぶりだった。

子どもから選手にファンレターが届いた場合には、今までは広報部が対応していた。だが、今ではその子の名前がデータベースに入る。「保護者宛て」というリストもつくったのだ。

こうした個人情報への執着の結果、何らかの形でネッツに関心を示した人7万5000超のリストができた。即効薬とは言えなかったが、この**リストは今後何年にもわたって収益を生んでくれる**ことになる。

たとえば、これらのリスト宛にチケットカタログの送付ができる。フルカラー8ページで、各ページに異なるチケット商品を掲載した冊子だ。7試合観戦セットの紹介ページもあれば、スペシャル・ファミリー・パッケージの紹介ページもあった。カタログ作成・発送のコストは約1万9000ドルだった。このDM施策経由のチケット売り上げは30万ドルに達した（第10章参照）。

こうした**「リストへの執着」は、どんな企業・業界にも効果的だ。自社商品に関心のある人のデータをたくさん確保するほど、即効薬はより強力になる**。

## リストにも質がある

即効薬が機能するには、どんなリストでもいいわけではない。あなたの製品に何らかの関心を示した人のリストでなければ効果はない。すでに興味を示した人なら、即効薬を使って購買頻度を高められる。購入頻度が高まれば、事業はジャンプスタートできるだろう。

じゃあ、商品に興味を持ちそうな特徴が共通した人のリストを買えばいい、と思うかもしれない。リストの購入も有効だが、それは即効薬ではない。この時点では単なる出費だ。

その**リストの中から自社製品に本当に興味がある人を見つけ出さねばならない**。そこまでやってようやく、即効薬の対象者候補となるのだ。


手っ取り早くヒーローになりたいと思ったものの、ネッツでは即効薬はおろか、ほとんど何も使える状態ではなかった。

商品や会社をジャンプスタートさせたくても、その材料が使えない場合もある。即効薬が使えれば最高だが、そもそも、ジャンプスタートが必要な商品や会社には、それなりの理由があるものだ。

その大きな理由の1つが、「自社の顧客が誰なのか、詳細（名前、住所、電話番号など）まで把握できていない」ことだ。**顧客リストもなしに、即効薬など使いようがない**。ネッツの場合は、絶望せず、**ひたすら個人情報を入手するという基本に取り組み、時間差で効果が出る「そこそこ即効薬」を準備**していった。

## 優良顧客に対するマーケティング

リストも整ったところで、初の成功事例が出た。最優先ターゲットとなる、年間シート購入者向けのDM施策である。

年間シート保持者は、プロバスケットボールに大金を投じている。ネッツの年間シート4席で8000ドル。ニックスの年間シートなら4席1万6000ドルもする。すでに大枚をはたいたファンは、同年のプロバスケットボールにこれ以上お金を使わない、と思うだろう。それは間違いだ。

ホーム41試合の日程の中には、他よりビッグな試合がある。さらに凄まじいモンスターゲームが数試合ある。マイケル・ジョーダン、シャック、アキーム・オラジュワンなどの有名選手と対戦する試合だ。さらにネッツの本拠地にニックスが乗り込んで来る「ホーム」ゲームも、モンスターゲームとなる。こうした試合では、年間シート購入者は、仕事仲間や家族、友人のために、手持ちの数以上のチケットを求めるものだ。

年間シートを更新した顧客に向けて、チケットの追加購入方法についてのDMを送った。地味な試合のチケットではなく（そんなの欲しがる人はいない）、ベストゲームのチケットだ。

年間シート購入者向けに5試合分の「モンスターゲーム観戦パッケージ」を用意したのだ。弱小ネッツの年間シート購入者は、さらにチケット代金をどれくらい出してくれるのだろうか？

計算してみよう。

DMを発送した時点では、年間シート購入者は約800件だった。当時は送料が安かったので（時代は変わった）、1通あたりの経費は28セントで済んだ。

5試合セットの「モンスターゲーム観戦パッケージ」の価格は1セット200ドルとした。

これが売れに売れた！　販売収入は10万ドルを超えたのだ。

（モンスターゲームの売り上げ10万ドル）－（DM経費224ドル）＝（DM施策の粗利9万9776ドル）

「モンスターゲームなら、何もしなくても結局売れたんじゃないの？」と思うかもしれない。

まさか。なにしろ、こっちはニュージャージー・ネッツである。

私のコンサルティング初年度に、ネッツの完売ゲームがゼロから5試合になった。どの5試合が完売したか、もうわかっただろう。年間シート購入者に「モンスターゲーム観戦パッケージ」を追加購入してもらえたから、完売ゲームが実現できたのだ。即効薬を使う準備を整えて大勝利を手にできたことで、我々のチームには、そう簡単に勝たせてくれないネッツのマーケティングをやっていく自信が、多少はついたのだった。

## 即効薬は常用可能

ここまで読んで、おそらくあなたは、即効薬を応急処置だけではなく、常用したくなったのではないか。まさにそれでいい。

既存顧客、あるいは自社商品に興味を示している人の住所・氏名・電話番号を把握しておけば、即効薬はいつでも使えるようになる。

データベースを構築したネッツは、即効薬を常に使い続けた。たとえば、チケットカタログだ。これは婦人服「ランズエンド」の通販カタログと同じような形式だが、衣料品ではなく、各種のチケットパッケージを掲載したものだ。

本章で述べたとおり、その反響はすさまじく、わずか1万9000ドルの経費で30万ドルの売り上げを達成できた。

この手法をガンガンやればいいじゃないかって？　もちろんやったとも。

翌年は、さらにリストを拡大し、カタログを2回送った。二度目のカタログも成功した。3

年目は4種類のカタログを送った。同年は、制作、印刷、発送費に約10万ドルを投じて、何らかの形で関心を持ってくれた人々にカタログを届けた。結果、カタログ経由の売り上げは約90万ドルとなった。

それ以上の頻度でカタログを送らなかった理由はただ1点。プレーオフに出られないネッツは、シーズンが6カ月で終わるからだ。シーズン終盤で残り試合が3分の1ともなると、セット商品として紹介できる要素も少なくなる。

このように、「自社の商品に興味がある人の個人情報は収集する」という組織文化が構築できたら、即効薬の顧客リストを使いまくろう。何度でも、だ。

第2章

# まとめテスト

①本章で出てきたレストランのように顧客の名前を捨てるようなことはしないと誓う。

はい　　　　いいえ

②即効薬とは何か。簡潔な一文で記すこと。

③即効薬はどのように展開するのがベストか？

第2章

# テストの答え&解説

## ①の答えと解説

「はい」一択だろう。

ところで、即効薬について講演をすると、質疑応答の時間にはいつも、以下のような質問を受ける。

Q：即効薬がチケット販売に有効なのはわかったけれど、商品単価が2万5000ドル～10万ドル、あるいはそれ以上の高額商品には使えないのでは？

A：「そんなことはない。購入頻度が高くない高額商品にも効果的だ」。私はそう言って、具体例を示すことにしている。その例は次章で。

Q：私たちの顧客は卸売業者だ。この場合、名前を知っていても、即効薬は使えないだろう？

A：これは、金属探知機のビジネスをしていた友人と同じ状況だ。あなたも砂の中から大金を見つけよう。友人の場合は「商品のエンドユーザーが誰だかわからない」と思い込んでいたが、箱に入れっぱなしの保証書があった。もちろん、エンドユーザーの特定が難しい事業もあるだろう。その場合の対応については、次章でも触れよう。

Q：うちの会社はバッテリーをつくっていて、顧客は自動車メーカー3社しかない。もちろん顧客名は全部わかっているが、即効薬をどう使えばいいだろう？

A：このケースは、おそらく無理だと思う。第4章のほうが役に立つので、そちらを読んでほしい。

即効薬のコンセプトを、「うちの商品には使えない」「うちの市場では通用しない」と否定するのは簡単だ。その態度は、新しいアイデアと出会ったときの典型的なスタンスである。残念な態度だ。もちろん、自社製品に関心を示している人の名前を聞き出すプロセスには苦労が多い。顧客リストの獲得こそが大変なのであり、そこを乗り越えれば、顧客リストを使って売り上げを爆上げするのは簡単だ。大変なプロセスを飛ばして使える即効薬などありえない。

**②の答えと解説**

「即効性のある特効薬」とは「既存顧客の購入頻度を上げること」だ。

**③の答えと解説**

　この質問を飛ばして次の章に進まないこと。答えはあなた自身が持っているはずだ。ちょっと時間をとって、即効薬をどのように自社で活用できるか、書き出してほしい。今すぐ、ここに書いてみよう。

　しっかり取り組んで〝何か〟を書けた人は、順調に進んでいる。「正解」をあげよう。あとは、書いたことを具体的な施策に落とし込んで実行するだけだ。

# 第3章

# 顧客が買おうと思う少し前にアプローチする

## 地理的アドバンテージを使った戦略

ニュージャージー・ネッツは、ニューヨーク都市圏で9番目に人気のあるプロスポーツチームだ。全9チーム中9位。もっと上だろうと言い張ったところで、8位が関の山である。ネッツの法人営業が難しいのはわかっていた。私たちがとった戦略の1つは、「地理的アドバンテージ」を利用することだった。近隣に日本企業の北米拠点が多いことに着目した。

私は若い日本人を国際マーケティング部長として採用した。ヨシ・オカモトはプロスポーツチーム史上初の国際マーケティング部長となった。

日系企業の米国支社に声をかけるだけでは不十分だ。日本の本社にネッツの話をしなければ、と私たちは考えた。単純な理由だ。高額の経費は、本社の最終承認が必要になる。ネッツみたいに無名のチームは、たとえ米国支社が乗り気になってくれても、本国の承認を得られないリスクがあると考えたのだ。

そこで、私とヨシは年2回、日本へ出かけた。具体的な法人パッケージの営業ではなく、とにかくニュージャージー・ネッツの認知度を高めることが目的だ。

2年で日系の協賛企業は1社から12社に増えた。その間に、仕事を超えて大切な友人関係も築くことができた。

## 日系スポンサーへの営業

出張中、バスケットボール日本リーグ（旧・実業団／現・BJリーグ）にチームを持つ大企業とのランチの席で、チームのGMから「アメリカからヘッドコーチを招聘できないか」と相談を受けた。当時はまだ、日本のリーグに「ガイコクジン」のヘッドコーチはいなかった。

米国に戻った私は、候補者を数名、頭の中でリストアップしてみた。軽い話ではない。人選を間違えば、企業も大恥をかくことになるし、私のキャリアまで終わりかねない。

ヘッドコーチとしての資質に加えて、異文化での生活に前向きな人でなければダメだ、と私は考えた。これは難しい条件だ。が、完璧な候補者がいた。ジャック・シャロー。私がポートランド・トレイルブレイザーズにいたときに、アシスタントコーチをしていた男だ。NBAでの10年の経験に加えて、大学チームのコーチや、CBAでのヘッドコーチ経験もあった。何より、ジャックは試合を教えるプロだった。NBAで選手の「お世話」をするのにうんざりしていた。彼はコーチ業をしたいのだ。

とはいえ、問題もあった。

ジャックは飲酒も喫煙もしないベジタリアンで、果物を大量に食べる。問題どころか見上げたことじゃないか、と思うかもしれない。だが、日本のビジネスマンとの付き合いは、(当時は)タバコの煙が充満したバーで酒を酌み交わしつつ行なわれるものだ。喫煙どころか、ジャックはタバコにアレルギーがあった。

この懸念を日本側に伝えたところ、「問題ありません」とのことだった。彼らはヘッドコーチが欲しいのであって、飲酒・喫煙の有無は気にしていなかった。

チームのGMが渡米し、ニューヨークで皆で会食をした。契約成立だ。数カ月後、日本のマスコミに向けた記者会見が開かれ、私はジャックと同席することになった。

ジャックの日本での仕事ぶりは文句なしだった。万年負け組だったチームが勝てるようになった。年間最優秀ヘッドコーチに選出されたジャックは、3年の契約延長にサインした。果物、米、シリアルという驚きの食生活にも見事に順応した。

# 日系自動車企業に「ジャンプスタート・マーケティング」を教える

あるとき、(日本の) 本州から船で40分のリゾート島に行ったのだが、そこで「即効薬」が話題に上がった。

その日は、まず日本バスケットボールリーグの試合を観戦した。2年前に提携を結んだ「姉妹チーム」の試合だった。米国とは違って、当時の日本ではバスケットチームは大企業が所有しており、このチームのオーナーは世界的自動車メーカーだった。

そこから島に着いたのは日曜日の夕方。天然温泉に入ったあと、夕食と酒の席が始まった。

自動車会社の重役の1人が、私が本を執筆中だと聞いて、その話題を振ってきた。

「チケット販売を伸ばしたジャンプスタート・マーケティングですが、自動車の海外販売台数を増やすのにも使える法則はありませんか?」

バスケットボールの観戦チケットは約50ドル、新車は約2万5000ドルである。それでも私は「はい、もちろんありますよ」と答えた。

彼は、その法則を教えてほしい、と言った。

カタコトの日本語 (私) とブロークン・イングリッシュ (先方) で、私は「即効薬」の話をした。

「ジャンプスタート・マーケティングの鉄則の1つに、自社商品のエンドユーザーの個人情報を知っておくことがあります。あなた方は、直接の取引先であるディーラーの名前は知っていても、車を買ったエンドユーザーの名前はわからないでしょう」

相手はうなずいた。ディーラーは買い手の名前を知っているが、自動車メーカーは知らないのだ。

「顧客の個人情報がわからないのなら、ディーラー側が既存顧客から最大の売り上げを上げる方法を把握できているかも怪しいのではないですか？」

相手はまたうなずいた。

「ディーラーは既存顧客からの売り上げを伸ばそうと、キャンペーンの案内ハガキを顧客に送ったりしたりしているのでしょう。でも、メーカーとしては販促費の使い方を把握できていないわけですね」

相手はうなずいた。私たちは日本酒をおかわりした。

「でも、もしディーラーがちょっとやり方を変えてくれれば、御社の車はもっと売れるでしょうね」

「ジョンさん、教えてください。お願いします」

と彼らは言った。

# クルマを売るための「ジャンプスタート・マーケティング」

## ①購入者に2台目を売る

米国では、1世帯に2台以上の乗用車があるのがふつうだ。その場合に、新車を2台、3台とまとめて同時購入することは稀で、たいてい2、3年は時期をずらして買っている。

ディーラーとメーカーは、1台目の販売書類のインクが乾かぬうちに、購入者に2台目の車をどう売るか考えるべきだ。激しい営業アプローチをせよ、ということではない。ここで必要なのは、多少の忍耐力と情報だ。

ディーラーは「契約書類を棚に放り込んで終了」ではなく、顧客情報をデータベースに入力しておく。そのデータベースには、名前、住所などの基本情報はもちろん、所有台数、メーカー名、型番、年式も項目として加えておこう。

2台目の営業活動を始めるタイミングは、1台目の販売から約6カ月後がいいだろう。購入して半年、高品質な日本車を買ったユーザーは満足しているはずだ。

ディーラーは6カ月前の契約時に集めたデータをチェックする。「この家のセカンドカーは4年落ちのステーションワゴンだな」などとわかるだろう。ディーラーは、ミニバンか四輪駆動車の試乗に招待する。お得意様限定の特別保証パッケージも一緒に勧めるといい。顧客の家族が、特別保証パッケージに惹かれる可能性は大きい。4年も乗っていれば、細々した修理費用にうんざりしている頃だからだ。

これに反応した顧客については、競合他社を排除できたと思っていい。ディーラーの提案に納得したから来店してくれたのだ。

「エンドユーザーの個人情報を知るべき理由はもう1つありますよ」と私は言った。相手はナプキンにメモを取っている。

**②次回購入を数カ月でも早める**

ほぼ3年ごとに新車の購入を検討する人が多い。顧客が新車購入を考え始めるのに先んじて、ディーラーは新車の営業に向けた手を打っておくべきだ。

話の前提を確認しておきたい。前回販売した車は高品質で、顧客は満足しているものとする。相手は日本車メーカーなのだから、この前提は揺るがないはずだ。

ディーラーは、購入した車に満足している顧客を来店させて、最新の車種に試乗してもらっ

## クルマの購買者数・購入間隔・販売台数の関係シミュレーション

| 購買者数 | 購入間隔 | 5年間の販売台数 | 7年半の販売台数 |
|---|---|---|---|
| 1,000 | 2.5年 | 2,000 | 3,000 |
| 1,000 | 3.0年 | 1,000 | 2,000 |

た後、新モデルの改良ポイントについて簡潔に説明する。

招待状を受け取った顧客の大半は、新車の試乗に来ない。だが、来た顧客について考えよう。購入間隔をほんの数カ月縮めるだけで、販売台数は桁違いになる。

私はスーツのポケットから紙を取り出した。ナプキンよりも広いスペースが必要だった。

「じゃあ、ざっくり計算してみましょう」

私は表を書いて、数字を入れていった。

この単純な計算を見ただけでも、ディーラー（およびメーカー）は既存顧客からの売上を50%伸ばせる、とわかる。

プロスポーツでは、ファンの来場頻度を高めることが、収益改善のドライバーになる。このマーケティング原則は、自動車のような高額商品にも当てはまるのだ。

## 競合への顧客流出防止策

メーカーがエンドユーザーの個人情報を知っておくべき真の理由は、競争を避けるためだ。もしメーカーが顧客リストを把握できていなければ、既存顧客からの売上増はディーラー任せになる。たいていのディーラーは、飛び込みでやってくる客への対応で手がいっぱいだ。購入者が次に新車を買いたくなるまで何もしていない。それでは、手遅れになるリスクがある。

「買った車には満足だけれど、他のメーカーやディーラーも覗《のぞ》いてみようかな」

と考える顧客も出てくる。

こうなると、ディーラー、メーカーともに厳しい状況だ。自動車業界は競争が激しい。既存顧客が競合ディーラーを回避するのを許してしまうと、顧客を逃すリスクはかなり高まる。

夜も更けてきて、メーカー幹部の1人が私に尋ねた。

「辛抱強さで知られる私どもでも、2台目まで待つ時間は長く感じるのですが……」

「待たなきゃいいでしょ」と私は言った。

「明日から始めましょうよ」

私の意図は伝わったようだ。ディーラーは2年半前の購入者のデータをすべて持っている。現状では修理の保証にしか使っていないが、「即効薬」を使おうと思えば、今すぐ可能なのだ。手順は簡単だ。**ディーラーは2年半前の購入者データを使って、DMを作成、送付すればいい**（第10章参照）。受け取った人の一部は反応するだろう。私の感覚では20％前後か、もうちょっと多いかもしれない。

なお、個人情報は、取得時に目的を明記することが義務付けられているため、個人情報の取り扱いには注意が必要であることを追記しておきたい。

## メーカーが直接、エンドユーザー情報を入手する方法

「即効薬」がチケット販売によく効くことはわかっている。ニュージャージー・ネッツという情けないチームのチケットでさえ簡単に売れるほど、効果てきめんだ。砂浜で小銭を拾う金属探知機の販売での効果も検証済みだ。

だが、もしも私たちがチケット売り場に来た人の名前を捕捉せずにいたら、あるいは、もし例の友人が製品保証書を取っておかなかったら、「即効薬」は使えなかった。メーカーの場合、卸売業者や代理店、小売店などが直接の取引先であれば、自社製品のエンドユーザーの個人情報はわからない。「即効薬」が効くかは、第三者に委ねられている。ターゲットが見えていない状態だ。

この場合も、メーカーが取引先を通じてエンドユーザーの情報を集めることは可能だ。**ディーラーと提携して巻き込めばいい**のだ。

この提携キャンペーンでは、あらゆる業務をメーカー側が担当する。キャンペーン告知レターの制作や発送も、キャンペーン特典にかかるコストも、メーカーが負担する。ディーラー側の責任は、メーカーに名簿を提供することだけだ。一見すると、圧倒的にディーラーに有利な提携キャンペーンに思えるかもしれない。そう見えて当然だ。

メーカー側の利点を考えてみよう。メーカーは、提携先の全ディーラーを「即効薬」キャンペーンに一律参加させることができる。個々のディーラーの技量に振り回されることなく、統一のキャンペーンが運用できるのだ。メーカー側で「即効薬」を用意しなければならないが、マーケティング予算で賄《まかな》えるはずだ。私が紙ナプキンに書いたような計算をしてみるといい。競合を排除できて、ここまで効果的なマーケティング手法は他にあまりないはずだ。

第3章

# まとめテスト

①「即効薬」が通用しない業界を1つ以上挙げよ。

②購入間隔を縮めることで、販売数がどのように増加するか、自社について計算してみよう。

| 購入者数 | 購入間隔 | (　)年後の販売数 | (　)年後の販売数 |
|---|---|---|---|
| | | | |
| | | | |

③企業が「即効薬」を使おうとしない理由をひとつ挙げよ。

## 第3章 テストの答え&解説

**①の答えと解説**

これは難問だ。というのも、どんな企業でも、使おうと思えば「即効薬」は簡単に使えるからだ。ただし、それが効率的でない業界もある。たとえばチューインガムなど低価格商品のメーカーの場合、他の施策のほうが効率が良さそうだ。

**②の答えと解説**

個別に回答をチェックできないのだが、その必要もないだろう。自分で出した数字を見て「すごい！」と思ったなら、私が何を言おうと、今すぐ「即効薬」を手に、勝ちに行けばいい。

**③の答えと解説**

ある友人が言った。「即効薬を使うのって、将来の売上を先食いしているだけだよね？」

「そのとおり」と私は答えた。そして友人に計算をするよう言った。「どのみち6カ月後には購入してくれるとしても、今すぐ入金があるほうが、6カ月後の入金より価値があるよね。5％？　10％？　もっとかもしれない」

ともあれ、「即効薬」の真価は、競合を排除できることだ。自社の顧客が「また買おうかな」と思いつくのに先んじて、営業をかけられる。前回の購入に満足している顧客に対して、自社で再購入するメリットを、購入意向が顕在化するより少し早いタイミングで提示できれば、顧客がよその店に出かけて競合他社に言い寄られるリスクを防げるわけだ。

# 第4章

# 新規顧客の獲得には、社長が率先して取り組め

# 新規顧客獲得への本気度がわかる3つのエッセンス

新規顧客が欲しくない企業はない。どの会社だって新規の取引先を求めているはずだ。問題は、新規顧客の獲得を狙っているはずの企業が、必要な対価を渋ることだ。

対価と言っても、金額はたいした問題ではない。

新規受注に本気でコミットするには、かなりの代償が必要になる。

本気のコミットメントとは、営業スタッフに「もっと新規顧客を獲得しろ」と詰め寄るとか、変わったインセンティブを設定するとか、そういうものではない。

新規顧客獲得への本気のコミットメントとは、以下の3つをやり切ることだ。

①新規顧客の獲得を社長の最優先事項とすること。
②営業スタッフを新規受注に集中させること。
③新規顧客の獲得には、これまでと違う支出を覚悟しよう。

# 新規営業と弁護士とのＭＴＧ、経営者にとって大事なのはどっち？

業績をジャンプスタートさせたいなら、新規開拓は社長室直下のプロジェクトとすべきだ。最優先事項は、他人任せにしてはならない。

これを聞いて、きまり悪く感じる経営者もいるだろう。そういう人は、「部門横断の部長会議で忙しすぎる」だとか、「銀行や弁護士との面談がある」などと言い訳をする。新規事業を売り込めない相手に会うのを優先している限り、本気とは言えない。

ニュージャージー・ネッツの社長時代に、この方針を私がどのように実践したかを説明しよう。そこで、まずはプロスポーツチームの主な収益源について確認しておきたい。

プロチームの収入は、次の3つの領域で構成される。

①全国放送のテレビ放映権。

②チケット販売。

③地方局のラジオとテレビ、ケーブルテレビへの協賛、アリーナの看板やパンフレット広告。

全国放送のテレビ放映権料収入については、個々のチームにできることはない。したがって、新たな売上をつくるのは、新規チケット販売と、新規の地元スポンサー獲得の2領域ということになる。プロチームの社長はたいていこの責任を、チケット担当部長とスポンサー担当部長に委任しているが、**部長がどれだけ有能であっても、球団社長は新規開拓の責任を手放すべきでない**、というのが私の持論だ。

## 新規開拓における社長の仕事

ニュージャージー・ネッツの社長に就任した際、私が他の人に任せずどうしたかを説明しよう。

**①法人営業は社長直下で管理する**

法人営業スタッフは5人いたが、全員、私の直属の部下にした。私は彼らのマネジャーと兼務で社長をしていた。

## 地元企業スポンサー売上の推移

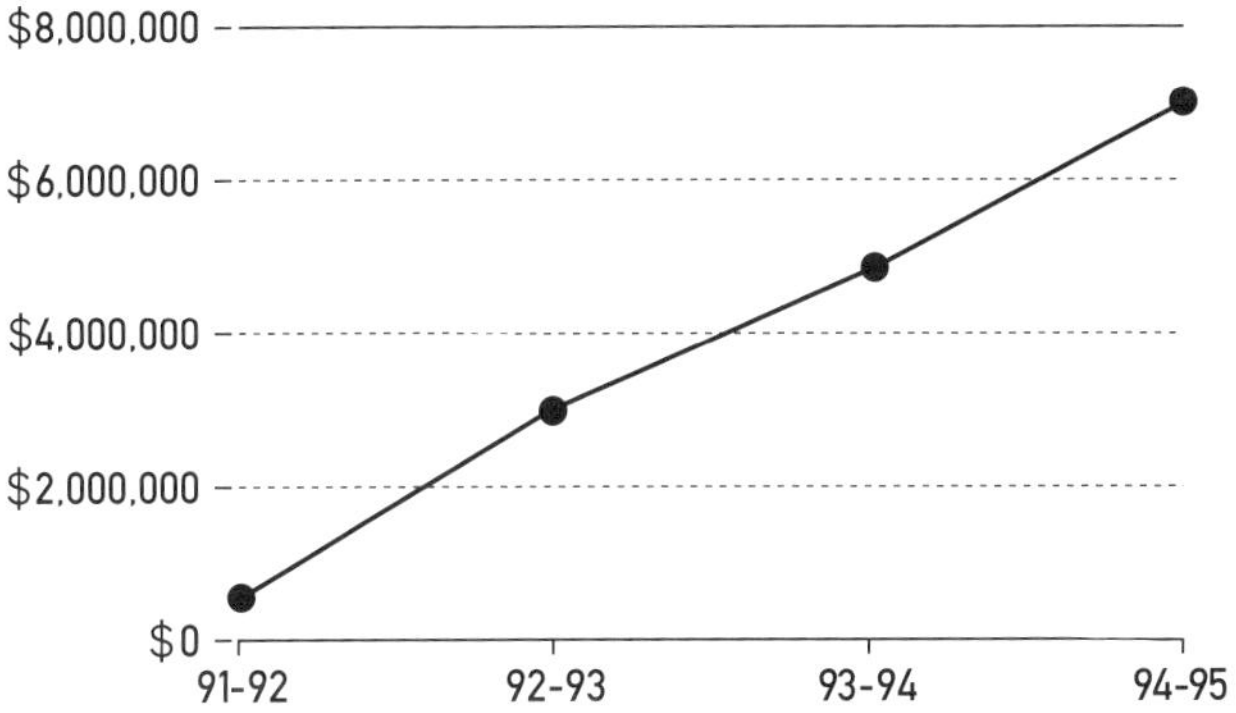


法人営業の日々の営業活動まで、社長が細かく把握すべきなのかって？　そう考えたほうがいい。「ネッツはスポンサーを本当に大事にしている」というメッセージを、営業スタッフにも、取引先候補にも強く印象づけたかった。そうした結果、4年で地元企業スポンサー売上は40万ドルから700万ドル超へ増加した。

これはもちろん、新規スポンサー獲得による積み上げがほとんどだ。5人の営業スタッフが頑張ってくれた。スタッフが営業電話をかけ、必要に応じて私も電話で営業した。

ネッツはニューヨーク圏のプロスポーツチーム全9チームの中で最も不人気だとはいえ、他チームの社長は営業電話に出ることはない。ネッツは、法人スポンサーを最優先しているぞ、ということが市場に知られるようになった。

## ②チケット販売に、徹底的にコミットする

ネッツには、チケットパッケージ販売を担当するフルタイムの営業スタッフが20人以上いた。この人数のマネジメントは私には荷が重すぎるので、チケット担当部長のジム・リーヒーに任せた。とはいえ、チケット販売はプロスポーツチームの生命線である。チケット販売を疎《おろそ》かにしていると誤解されないよう、私はチケットの営業スタッフに対して別のことを実行した。**チケット販売こそ最優先だと強調する**ために、営業スタッフを採用する際、私は必ず本人と最終面接をしてから採用通知を出した。チケット担当部長が採用したいと言った候補者を却下したことはない。審査がしたいのではなく、**「チケット営業の仕事は、社長がスタッフ選考に関与するほど重要な業務なのだ」という意識を新人スタッフに植えつけたかった**のだ。

営業スタッフの採用面接に加えて、私は**社長主導の「チケット販売ブートキャンプ」を開催**し、営業スタッフがやるべき行動の基本を毎年、徹底的に「おさらい」した。

野球の春季キャンプと同じだ。外野フライの中継守備やバントなどの基本をみっちり練習するように、販売スタッフは新規の見込み顧客とのアポイントの取り方や、顧客の状況に合わせて提案を変える方法など、営業の基本に取り組んだ。私たちは毎年、若い営業スタッフに厳しい試練を課してきた。実際、「私が若手スタッフだったら、毎年ついていけるか自信がない。

過酷だよ」と担当部長に漏らしたほどだ。部長は「ですよね」と笑った。でも、スタッフの営業スキルを上げるには不可欠な研修だったし、さらに「社長の時間を1週間も投じるほどの重要事項だ」と実感してもらう必要もあった。

## トップが営業会議に参加すると、なぜ売上が上がるのか？

さらに、週2回の営業会議にも出席した。そんなことをするプロスポーツチームの社長はいないと思う。自社のチケット販売部長の名前を聞かれても、資料を見なければ答えられない社長だっているはずだ。スポーツ以外の世界でも、営業会議に毎週出席する社長は少数派だろう。たいていの社長は営業スタッフと直接話さず、営業部長から情報を吸い上げている。

だが、会社をジャンプスタートさせたいなら、社長は営業会議に出るべきだ。発言せず同席しているだけでいい。社長が営業会議に出席すれば、「会社は営業を重視している」というメッセージがしっかり伝わる。

以下は、某スポーツチームの社長が営業スタッフを徹底的に避けていた、という事例だ。誇張だと疑う向きもあろうが、すべて実話である。この話は、某メジャー球団の社長に聞いた。彼はチケット営業部門がオフィスのどこにあるか知らなかった。

球団の電話代がかさんでいることに社長は気づいた。どうやらそのチームは、私のつくったチケット販売に関する冊子を入手し、その内容に従って営業スタッフを増員していたらしい。当然、営業スタッフは電話をかける。そこで電話代の高騰に社長が気づいたわけだ。電話は球場の地下室に設置されていた。社長がその部屋に入ると、大量の机にたくさんの電話が置かれ、若者たちが使っていた。社長は近くの席の青年に、この人たちは誰なのかと詰め寄った。もちろん、チームのチケット営業スタッフだったのだが……。

ネッツでは、こうはならない。私はもちろん、営業スタッフ全員の名前を知っていた。一人ひとりの個性も、営業状況もわかっていた。これらの把握には時間がかかる。日々の業務時間が割かれる。その時間をどうやって捻出すればいいのかだって？　私は銀行や弁護士との会議に出ないと決めて、それらをはＣＦＯ（最高財務責任者）に任せた。営業とマーケティング以外の責任は、自分から剥がして他の人に委任した。だって、新規顧客の誕生をサポートする以上に有意義な時間の使い方は、他にないはずだから。

## 非営業タイプの社長にできること

　こうして企業のトップが自ら腕まくりして新規営業に乗り出す姿勢に、居心地悪く感じる経営者もいるだろう。営業やマーケティング以外のルートから社長になった人には、特に多そうだ。「営業への勘も関心もないのに困るよ」ということだろう。社長と同席させられた営業スタッフもやりづらいだろうが、それ以上に、営業スタッフといるのが苦手な社長は多い。そういう社長は、新規営業の責任を他人に委ねるべきなのか？

　それではダメだ。**新規顧客獲得の取り組みに馴染めるよう努力すべきだ。**

　財務肌の社長は、先陣を切って新規営業を仕掛けられなくても、私がネッツでやった方式でかかわることはできるはずだ。営業会議に出て、たまには営業スタッフの電話を替わり、「春季キャンプ」の見学をしていればいい。そうするうちに、社長もあまり大きな顔はできなくなるだろう。けれど、その過程で、**社長は営業スタッフやマーケティング担当者から多くを学ぶことができる。**新規営業のプロセスにより深くかかわるようになれば、社長はジャンプスタートの大きな推進力になれるはずだ。

仮に、社長は製造部門や経理の出身で、新規顧客開拓に関与するつもりなど毛頭なかったとしよう。その場合、すべての鍵は、マーケティング責任者の手の中にある。全部だ。

地獄から会社を救うジャンプスタート・マーケティングに社長が協力できないとか、する気がないとかいう場合、社長は、マーケティング責任者に全権を委任したうえで、全面的なサポート体制を敷くと、はっきりと打ち出すべきだ。それが中途半端であれば、ジャンプスタート・マーケティングで、企業として大きな効果を上げることはできない。

もし自社のトップが営業に消極的なタイプであるならば、この章をコピーして、匿名《とくめい》で、社長室のドアの下に差し込んでおこう。さあ、どうなるだろうか。社長に必要なのは、ちょっとした後押しだったのかもしれない。

## 新規顧客獲得に消極的な営業スタッフを抱える社長へ

従業員用の給湯室があるような大きめの事務所では、誰も掃除をしたがらないことにお気づきだろうか？　使用済みのコップや食器が流し台に残っているし、冷蔵庫の食べ物にはカビが生えたまま放置されている。

これはなぜ起きるのだろう。少なくとも自分のコップくらいは、各自で片付けるべきものだが、人間の本性はそういかないらしい。

新規顧客の獲得を担当する営業スタッフにも、同じ心理が働いている。流し台のコップを片付けないのと同じく、営業スタッフも新規顧客に手をつけず、放置しがちなのだ。

これはなぜだろう。営業スタッフの立場について考えてみよう。

◎一般に、営業スタッフの給与は、営業成績に応じた歩合給やボーナスで決まる。
◎営業スタッフは、自分が十分に稼げているとは思っていない（どの職種でもそうだが）。
◎営業スタッフは、経営陣からあまり評価されていないと感じている。

他の業種とは違い、営業スタッフには、より多くの収入と尊敬を一気に得られる方策がある。営業スタッフには、新規顧客獲得を推進する力があり、それによって自分の収入を増やせる。新規顧客を連れてくれば、たとえ頭の硬い経営陣でも、その営業スタッフを評価するはずだ。

なのに、なぜそれをしないのか？

新規顧客を獲得するのは難しい。拒絶される可能性のほうがずっと高い。知らない人を相手にしなければならない。収入と評価が上がるとはわかっていても、新規営業は先延ばしにしたくなるものだ。流し台にコップを置きっぱなしにするのと同じ心理が働く。

「営業マネジャーが何とかしてくれよ」と思うかもしれない。「営業スタッフをやる気にさせて、新規開拓に取り組ませるのはマネジャーの仕事でしょ」と。

でも、それは違う。営業スタッフを鼓舞するのは社長の仕事だ。特にジャンプスタートが必要な会社ではそうだ。

「社長が本気で新規顧客の獲得を重視している」と営業スタッフが理解すれば、新規顧客開拓の組織文化が生まれる。お金のためだけではない。みんな社長に認められたいのだ。そして、社長としては、新規顧客を獲得できている営業スタッフをしっかり評価して報いればいい。

## やったほうがいい！ 新規開拓対策の「ぶっ飛んだお金」の使い方――成功事例①

新規顧客開拓の組織文化を発展させたいなら、そのためのぶっ飛んだアイデアに投資することが重要だ。「大金を使え」というわけではない。それではただの馬鹿である。

私が言っているのは、**ぶっ飛んだアイデアのための投資は、少額でもいいので、はっきりわかるやり方で使おう**、ということだ。

このちょっとした支出で2つの目的が果たせるだろう。

①少ない支出で、新規顧客が獲得できる。

②営業スタッフやその他の従業員に対して、「会社が新規顧客の獲得にどこまで本気か」を示せる。

いくつか例を挙げよう。

ポートランド・トレイルブレイザーズ在籍時は、NBAでどのチームよりスポンサー獲得をうまくできていると自負していた。NBAで3番目に小さな商圏だったが、ラジオの提供企業数では1位だったし、テレビの提供企業売上でも2位だった。

そうはいっても、ポートランド西海岸北部の地味な都市だ。住むにはすばらしい場所だが、アメリカ資本主義の中心からは外れている。ニューヨーク、シカゴ、ロサンゼルスといった米メディアの中心地からは、明らかに見過ごされていた。

そこで、ブレイザーズは全国流通の広告業界誌に広告を出した。費用は約3000ドルだった。業界誌に広告を掲載しているのは新聞社やテレビ局ばかりで、自メディアでリーチできる人口や属性のデータが並んでいた。かなり退屈な広告だが、新聞社やテレビ局の広告はそんなものだろう。私たちの広告はちょっと違った。

全面広告を出したのである。一見、プロスポーツチームの広告には見えなかったはずだ。選手の写真もチームのロゴもない。というのも、読者がスポーツファンであるかどうかは関係なく、個々の読者に広告を届けたかったからだ。私たちは、資料請求型の広告で読者にアプローチすることにした。

見出しはこうだ。

「1冊選ぶなら、どっち？」。

「片方は30万ドル、もう一方なら1300万ドルが手に入るかも」

気になっただろうか？

あなたが広告業界の人ならば気になっていてほしいのだが、読み進めると、ポートランド・トレイルブレイザーズの特徴が書いてある。そして、30万ドルや1300万ドルは、個人がもらえるわけではないとわかる。2つの数字は、ブレイザーズのスポンサー企業2社を追跡調査してわかった売上増の数字なのだ。

広告の最後で、無料の冊子2冊から好きなほうを選べるようにした。次の2冊である。

**①スポーツマーケティングの評価指標ガイド**

こちらの冊子では、企業がスポーツに協賛するうえでの効果測定の諸指標を紹介している。この冊子に掲載した数字を見れば、自社はブレイザーズのスポンサーになるべきだと思える仕掛けになっている（偶然かもしれないが）。

**②スポーツマーケティングの成功事例集**

もう一方の冊子には、スポーツチームの協賛で利益を出した企業の事例が紹介されていた。どの事例も、当然ながらブレイザーズの協賛企業の話だ（これも偶然かもしれない）。

ちなみに、2冊とも、新規顧客候補への提案資料として、すでにつくってあったものだった。この広告では、あわよくば一石二鳥を狙っていた。

◎主目的は、**「ポートランド・トレイルブレイザーズは革新的なチームで、絶大な支持を得**

**ている」と認知してもらう**ことだ。広告を読んでもらえた時点で、この狙いは達成できている。さらに無料の小冊子を資料請求してくれれば、この点をより強く印象づけられる。

◎加えて、**新規顧客から取引の電話が来れば、思わぬボーナス**である。

主目的のほうは、効果の定量化が難しい。だがこの広告は、企業がブレイザーズを「遠い北西部のチームだけど、協賛すべきチームらしい」と認知するのに役立ったと考えている。

思わぬボーナスのほうは、効果が簡単に数字で見られる。私たちは、**この広告で新規顧客が取れるとはあまり考えていなかった。自分たちがいかにすばらしいかを広告業界に伝えるべく、ちょっと変わったお金の使い方をしただけ**だった。だが、この広告による新規取引は80万ドルを超えた。仰天するしかない。

へそくり程度の3000ドルを使った結果、1社も新規顧客が取れなくても十分だった。**この広告を別刷りにして、新規顧客の提案書にも使えていた**わけだし。

新規売上が3万ドルもあれば、パーティーを開いて祝っただろう。しかし実際は80万ドルである。そんなすごい額には、どんな祝い方がふさわしいのかもわからなかった。

# やったほうがいい！　新規開拓対策の「ぶっ飛んだお金」の使い方
## ――成功事例②

ニュージャージー・ネッツでは、**日刊紙に資料請求広告を大量に出して、さまざまなチケットパッケージを売り込んだ**。すべての入電と受注状況を分析した。

広告掲載が成功かどうかを見極めるための基準もつくってあった。**「広告費1ドルあたり、チケット受注額は4ドル以上」という評価基準を設定**し、この基準を超えた場合は再度、同じ広告を出した。基準を下回れば、広告を打ち切った。

ネッツはニュージャージー州の2大日刊紙に定期的に広告を掲載していた。その2紙は私たちがマーケットと規定しているエリアに流通していたので、この施策は合理的でまともだと言える。

一方、非論理的でおかしな施策として、**米国全域で販売されている日本語新聞に広告を出した**。相当にぶっ飛んだ話ではある。サンフランシスコ在住の日本人が「読売タイムズ」に掲載されたニュージャージーでの試合の広告を読んでどう思うだろう。サンフランシスコからニュージャージーまでバスケの試合を見に行くなんてありえない。私は通勤させられたけどね。

とはいえ、この突飛な施策には根拠があった。在米の日系企業は大半がロサンゼルスやニューヨーク近郊にある。これらの企業では何千人もの米国人が働いており、さらに、日本から「サラリーマン」を輸入している。日本の経営者や管理職が米国に駐在しているのだ。こうした日本人エグゼクティブは潤沢な海外勤務手当をもらっているものだ。そして、彼らはアメリカならではの体験を望んでいる。バスケットボールは日本では人気スポーツではないが、マイケル・ジョーダンやシャックは世界的に有名だ。私たちは小さなコマの広告に、ジョーダン、シャック、そして日本人ビジネスマンを担当する若き日本人営業スタッフを掲載した。

注文は殺到した。掲載効果は1ドルあたり売上4ドルどころか、20ドルにもなった。

もし私がネッツを辞めていなかったら、また「ぶっ飛んだお金」の使い方をして、今度は、日本で出版・流通しているバスケットボール雑誌に広告を出しただろう。もちろん、この型破りな方法にも根拠がある。ニューヨークに来る日本人は年間何十万人もいる。ニューヨークまで来たんなら、ネッツの試合を観に来てもらえばいいじゃないか、というわけだ。

表面的には、「ぶっ飛んだお金」を使うのは馬鹿げているように映る。だが、新規顧客の獲得は容易なことではない。時には、ぶっ飛んだアイデアにお金を使って、それがうまくいくかどうかを確かめるのも大事だ。

多くの企業は、自社がすごい新製品を開発して、その商品力で新規顧客が自然と集まるのを期待している。中には、その姿勢のまま、存続の危機に瀕している企業さえある。

私はイノベーションを信じ、擁護する立場ではあるが（第6章参照）、**いつかイノベーションが起きて企業が救われる日をただ待っていてもダメ**だと考えている。

**窮地にある企業を立ち直らせたいなら、新規顧客獲得に本気でコミットすること**だ。そして、そのコミットメントは経営トップから始まる。

# 第4章 まとめテスト

①以下の３つは、新規顧客獲得に本気でコミットするために企業がやるべきことだ。あなたの会社では、できているだろうか。

1：新規顧客の獲得が、社長の最優先事項になっている。
（はい／いいえ）

2：営業スタッフは新規顧客の獲得に注力できている。
（はい／いいえ）

3:新規顧客の獲得のために､型破りな施策に投資できている。
（はい／いいえ）

②新規顧客を獲得するために、「ぶっ飛んだお金」の使い方ができそうな領域を３つ挙げよ。

A ＿＿＿＿＿＿＿＿＿＿＿＿＿＿＿＿

B ＿＿＿＿＿＿＿＿＿＿＿＿＿＿＿＿

C ＿＿＿＿＿＿＿＿＿＿＿＿＿＿＿＿

第4章

# テストの答え&解説

## ①の答えと解説

ボトムアップでジャンプスタートできた会社を、私は見たことがない。社長またはそれに準ずる立場の人間が、ジャンプスタートを主導すべきだ。あなたが社長や部長でない場合でも、諦めなくていい。ジャンプスタートのための「ゲリラ集団」を独自に結成すればよいのだ。「ゲリラ集団」の結成は、意外と簡単だ。具体的な進め方は8章で示そう。

## ②の答えと解説

ある講演で私は、「ぶっ飛んだお金」を使って新たな施策を試すよう、聴衆に勧めた。その後の質疑応答で、ある人が立ち上がって言った。

「我が社では、効率化と節約が徹底されている。そんなコストの使い方は許されない」

「新規顧客獲得にも？」と私は尋ねた。

「何に対してもダメだ」と、あごを突き出してその人は言った。

私は「危ないぞ！　気をつけろ」と叫んだ。周囲の観客は身を縮めたが、彼はひるまなかった。

「企業経営に節約が大事なのはわかる。でも、新規顧客獲得に『ぶっ飛んだお金』を使うことは必要だ。何も大金を使えと言っているのではない。一定のコストをかけてチャレンジをしなければ、新規顧客獲得のチャンスは掴めず、結果、企業は沈んでしまう。新規顧客獲得のために『ぶっ飛んだお金』をちょっとは使うことだ。倒産裁判所の判事は『この企業は節約を頑張っていた』とは褒めてくれないよ」

# 第5章

# ミスにボーナスを出そう

## 「失敗した人にボーナス」という、非常識な仕組みの狙い

ネッツを辞める前、私は「失敗したらボーナスを出す」という仕組みができないか、あれこれ考えていた。失敗といっても、誤字や、コーヒーメーカーの電源が週末入れっぱなしだった、などの単純なミスではない。もっとでかい失敗の話だ。

そんな馬鹿げた仕組み、導入する前に辞めてくれて実害が出なくてよかった、とオーナーだったら思うかもしれない。

私がボーナスの対象にしようと考えていた失敗とは、その出現に期待して、長年、周囲に奨励してきたタイプの失敗だ。イノベーションを起こそうとした結果の失敗である。これについては、かなりいいやり方を思いついたので、本章の中で解説しよう。

まず、ジャンプスタート・マーケティングを続ける上でイノベーションの役割について話しておきたい。イノベーションは本当に大事だ。本章、次章とその次の全3章を割いて語るほど、私はイノベーションを重視している。

本書からジャンプスタートのアイデアを少し取り入れるだけでも、組織に変化を起こすことができる。でも、それだけでは足りない。ジャンプスタートによる事業成長を継続するには、**企業や部署が、常に変化し続ける組織にならなくてはならない。**

知ってのとおり、人は変化を嫌う生き物だ。言い古された言葉だが、これは事実だ。もちろん、休憩スペースでの雑談や、仕事帰りに同僚と飲む際には「企業は変化すべきだ」と語る人は多い。非公式な場では**変化を語るが、変化をし続けたい人は本当に少ない。**毎朝、出社したら一日中、変化と向き合える人は希少だ。

だが、この手の変化は、思っているほど怖くない。ここで念頭に置いているのは、**大激変ではなく、ちょっとした変化**であり、企業のあらゆる活動における小さな改善の話だ。ジャンプスタートの原則は、変化の触媒として使える。職場の誰をも怯《おび》えさせずに変化を起こすきっかけになるのだ。では、ジャンプスタート・マーケティングを続けるには何が必要なのだろう。

会社をジャンプスタートさせるのは、成長の動きを始めたということだが、ジャンプスタートの原則を棚上げにした途端、成長は止まってしまう。ジャンプスタートの気運を維持するには、**「小さなイノベーション」、小さな変化が必要**なのだ。その気運があれば、画期的なイノベーションはそのうち勝手に起きるものだ。

# 変化だとバレない変化を体験させる

「変化を受け入れなければならない」などと部下に言っているようでは、みんなに恐怖心を植えつけるだけだ。いったんこの恐怖心を持つと、従業員は自分で考えるのをやめ、イノベーションへの努力を止めてしまう。だから、**変化し続ける組織文化をつくりたいなら、相手に恐怖心を抱かせないよう、食べやすいひと口サイズの変化を体験してもらう**ことだ。

変化だと気づかれないよう、小さなサイズにするのには、それなりの理由がある。

長年、変化や失敗について、恐怖やダメージを繰り返していると、その傷口の皮膚がこわばり、変化を考えることすら拒むような硬直した組織になってしまう。失敗した人が名指しで非難されるのを見るたびに、傷が重なってスムーズに動かなくなっていく。自分が非難の的になる経験をした人もいるだろう。

たとえ会社が地獄に向かっていたとしても、こうしてできた古傷のせいで、従業員はイノベーティブになれない。もし変化に向けた行動があるとすれば、夜中に社内で転職用の履歴書を印刷するくらいのものだ。

でも、そうやって変化を拒む人でも、**「ちょっとした実験」なら平気**であるらしい。実験であれば、結局は単なる「お試し」で、一時的なものに過ぎないはずだ。本物の変化とは違う、ただの実験なら怖くない。

ネッツでは、莫大な量の「ちょっとした実験」を行なうことで、日々変化し、常に改善できる組織となれた。超弩級の変化の目撃者はいない。大きな変化は皆無だった。安全性を揺るがす激変がないならば、怯える必要もない。でも、そこで変化は起きていた。「実験をしよう」となった途端、従業員は、普段の業務よりも熱心に、チームで協力して取り組むようになった。何より、自分でちゃんと考えるようになった。毎日だ。こうして日々のイノベーションは始まった。

## 「ちょっとした実験」をジャンプスタートさせる

「ちょっとした実験」を通じて、従業員は日々、変化を実践するようになる。

ただし、注意してほしい点がある。変化する組織になったからといって、いきなり従業員が画期的なアイデアを発案するわけではない。そこに期待してはいけない。

従業員は、思いつきを口にする。「それじゃ足りない」と責めないこと。思いつきでいい。日常的に変化を続ける組織では、**軽い思いつきの数々から画期的なアイデアが生まれる**ものだ。

ネッツの従業員に思いつきや提案をどんどん出してもらうための仕組みとして、**「シンクタンク・セッション」**がある。ポートランド・トレイルブレイザーズ時代の11年間も、毎年、同様のセッションを開催した。初回の参加者はたった4人。マーケティング部門全員でそれしかいなかった。単純な思いつきをきっかけに、難題の解決策が生まれることに、私はいつも驚かされていた。そうした思いつきのおかげで事業は成長できた。事実、私のブレイザーズ最終年には、セッションの参加者は50人にまで増えていた。

**セッションの2週間前に、参加する従業員への宿題が出される。「仕事の改善アイデアを、1日に5つ考える」**というものだ。「画期的なアイデアを出せ」というプレッシャーはない。どれほどくだらないアイデアでもいい。自己検閲せずに、とにかく書き留めておくよう伝えた。皆のアイデアを印刷して配布したりはしないので、自分の馬鹿げたアイデアを他人に詮索《せんさく》される恐れもない。各自、ただアイデアを貯めておけばいいだけだった。

従業員1人あたり、月曜から金曜まで1日5つアイデアを出せば、週末は休んでも、セッション当日には、各参加者が50の改善策を持ち寄ることになる。

**毎回のセッションで、私はテーマを設定していた。**たとえば、「年間シートの更新率を95%

にする方法」などだ。こうしたテーマの設定は、アイデアを流し込む漏斗《ファネル》の役目を果たす。どんなテーマでも、参加者全員の50のアイデア貯蔵庫の中から、何かしらの提案が出てくる。

## 思いつき提案会「シンクタンク・セッション」実況中継

例を示そう。

シンクタンク・セッションのコーヒー休憩中、アイデア50本ノックで発想が活性化された法人営業スタッフの1人が言った。

「どうして、チームのベンチのすぐ後ろが報道席なんだろう？」

一緒にいた3、4人は、ぽかんとしてお互いを見た。固まっている私たちに、そのスタッフは言った。

「よそのアリーナでは、ベンチの後ろはファンの席だよね。報道陣じゃなくてスポンサーの席にできないかな」

**その時点では、この問いかけが、のちに100万ドルの利益を生む画期的なアイデアだとは**

誰も気づかなかった。

その問いに、たいした答えはなかった。報道陣の席がチームベンチのすぐ後ろにあるのは、「前からそうだったから」というだけだ。

ネッツの観戦チケットの需要は低かったため、その席を売ろうという発想は出なかった。いったん報道陣向けスペースになって以降は、岩盤のように不動だった。さて、他の参加者も部屋に戻ってきたので、私たちは、不動の岩盤に向けて削岩機を振り上げた。

まず、「ベンチの後ろにファン用の席を設けよう」という案が出た。参加者の1人が、その場合の収益をざっと集計した。

すると、他の人が「看板」と言った。

ベンチ裏にスポンサー企業席をつくるのではなく、スコアラー席と同じ広告看板を入れよう、という案だ。各ベンチの後ろに約10メートルの看板を設置する。この手の看板広告の真の価値はテレビによく映ることだ。テレビカメラがどちらかのゴールにピントを合わせているとき（ほとんどの時間だ）、画面の上3分の1には必ず、看板が入る。この広告価値は大きい。

私たちはこの看板広告パッケージプランをこねくり回して、値札をつけて商品化してみた。かなり良さそうだ。半年後、その看板パッケージの純利益は100万ドルとなった。通りを歩いていて、100万ドルの札束を拾ったようなものだ。

# 「思いつき」の威力を甘くみてはいけない
## ——失敗にボーナスを出すべき2つの理由

今まで見てきたように、この企画では、誰か1人が画期的なアイデアを発案してプレゼンテーションを行ない、部署全員が立ち上がって大喝采、とはなっていない。画期的なアイデアは、元は、業務改善のための提案から始まっていた。変化の恐怖とは無縁の、ちょっとした思いつきだった。あるいは「くだらない」質問だ。その思いつきが進化して、高収益の営業商品が生まれたのだ。

では、思いつきや提案にはボーナスを出すようにしたらどうだろう。そうすれば提案の総量は増えるに違いない。いっそのこと、最終的に失敗した提案にだけボーナスを出す仕組みはどうだ。これなら、失敗を恐れる心の傷痕の硬くなった古い皮膚を剥がせるんじゃないだろうか。思いつきを提案しやすく、受け入れられやすい組織ができそうだ。

「なぜ失敗にボーナスを出すのか？　成功につながった提案にだけボーナスを出せばいいんじ

ゃないの？」と思う人もいるだろうが、失敗にボーナスを出すべき理由は2つある。

**①成功した場合、どのみち成功報酬はもらえる**

シンクタンク・セッションの参加者は、全員が営業かマーケティング部門の人だった。いずれも、事業の収益に応じてある種のボーナスが支給される職種だ。提案が高収益商品につながった場合には、全員が通常の賞与規定で報酬を得られる。たとえば、ある実験を試して成功したため、拡大して通常業務として運用することになった場合、それは通常の報酬に組み込まれる。ベンチ裏の看板プロジェクトなどはその例で、5万ドル以上のボーナスが支払われた。

**②提案が良くなれば、アイデアの質も商機も上向く**

失敗の呪縛がなくなると、思いつきや提案の質も上がるものだ。提案の質が上がれば、商品アイデアや改善策の質も上がる。アイデアの質が上がれば、成功可能性も高まる。成功可能性の上昇は増収につながり、ふつう、増収は増益につながる。

失敗に報酬を出すのは、もっとたくさんの提案を出すための「安心毛布」なのだ。思いつき・提案をなんでも承認するわけでは決してない。でも、承認され、最終的に失敗に終わったプロジェクトの関係者には、ボーナスを出すべきだ。

失敗に褒賞を出していると、失敗するようなアイデアは減る。これは、「型破りな提案が出るようになれば、それが画期的なアイデアにつながるから」というのが大きい。

否定的な人は「失敗に報酬が支払われるなら、わざとプロジェクトを失敗させるんじゃないの？」と思うかもしれない。

その考えは人間の本性に反している。人は自分のアイデアが成功するほうがずっとうれしいものだ。それに、失敗へのボーナスはたいした額ではない。５００ドル程度だ。10万ドルもらえるなら、ダメになるアイデアを頑張って考えるかもしれないが、たった５００ドルのためにわざわざアイデアを失敗させようとする人はいない。

なぜ失敗にお金を使うのか、なぜ５００ドルを払うのか。それは、新しい商品や改善策について「考えるプロセス」を大事にしている、と会社として強いメッセージを送るためだ。それが伝わるなら、喜んで失敗にお金を払うだろう。

「失敗したアイデアに５００ドル支払う」という単純なことが、非常に強いメッセージとなり、ジャンプスタート・マーケティングを成功させ続けられる組織ができる。失敗に褒賞を出すという考え方が、イノベーション企業文化の確立に、大いに役立つだろう。

第5章

# まとめテスト

①空欄を埋めよ。「従業員は（　　）を好まないが、『小さな（　　）』は気にしない」

②失敗にボーナスを出す仕組みを試してみたいとしよう。そこで現実問題にぶつかる。会社の規定上、金銭で褒美を渡すことができないのだ。その場合、他の形で褒美を出せばいい。何ができるか挙げてみよう。

A ＿＿＿＿＿＿＿＿＿＿＿＿＿＿＿＿

B ＿＿＿＿＿＿＿＿＿＿＿＿＿＿＿＿

C ＿＿＿＿＿＿＿＿＿＿＿＿＿＿＿＿

第5章

# テストの答え＆解説

**①の答えと解説**

従業員は変化を好まないが、「小さな実験」は気にしない。

**②の答えと解説**

「アイデアを考えよ、イノベーションを起こせ」と言ってもできる人はなかなかいない。失敗にボーナスを出すのは、イノベーティブであることの重要性を伝える1つのテクニックなのだ。でも、こんな型外れな褒賞制度を上司に承認してもらうのは、相当の難題だ。金銭以外の方法で、失敗に報いる方法を考えてみよう。

有休休暇を与えるのもよいだろう。これなら実行しやすい。丸1日とか1週間休んでいいよ、と本人に伝えればいい。その間の業務のカバーくらいできるだろう。とはいえ、金銭には劣る。イノベーション推進のメッセージを打ち出す点でも、ちょっと地味だ。では、休暇以外に何があるだろうか？　無料の旅行？　無料の食事？

何かはあるはずだ。いい感じのご褒美を用意しよう。それが何であれ、実際に使う機会はごく少ないだろう。失敗にご褒美を出すというのは、もっぱら、イノベーション重視を強調するための小道具なのだ。

万が一、実際に失敗ボーナスを出すことになっても、これまでイノベーションによる満塁ホームランでさんざん儲かってきたのだから、失敗賞で世界一周旅行をあげたところで、何のダメージもないはずだ。

# 第6章

# 新商品頼みではなく、マーケティング・イノベーションを

## イノベーションは、選択肢ではなく、必要不可欠

前章では、イノベーションへの本気度を示すための小道具として、「失敗にボーナスを出すやり方」について書いた。業界を問わず、イノベーションのお手本にすべきは、ハイテク産業だ。ハイテク産業ではイノベーションを止められない。小休止などしようものなら、3カ月や半年で、競合に大きく遅れをとってしまう。ハイテク企業にとって、イノベーションは選択肢ではなく、必要不可欠なのだ。

どの企業も、生き残るためには常にイノベーションを継続しなければならない。そう私は考えているが、「画期的な製品を発明せよ」ということではない。次のようなイノベーションの話だ。

### ①ちょっとしたイノベーション

既存商品の改良などの小さなイノベーションである。この場合も、自社の手持ちの商品や会

社の「売り」を見つけることが大事だ。多額の投資のいらない、ちょっとした商品改良によって、市場で差別化になるような2つめの「売り」、3つめの「売り」ができることもある。

もちろん、マーケティング担当者が商品改良を推進できるケースは少ない。「排気管や給油管を追加してくれよ」と思っても、なかなか難しいものだ。与えられた製品を売り込むのがマーケティングや営業の仕事である。本章で紹介する小さなイノベーションは、まさに**小さなマーケティング・イノベーション**なのだ。

自社の全商品が完璧で、非の打ちどころがないならば、人生はもっとシンプルで楽しいだろう。でも、現実にそんな世界はない。そういう世界が実現できたら、私の居場所はなくなる。開発部門が「製品は完璧だ、放っておけば勝手に売れる」と言うだろうから。

## ②新商品のイノベーション

自動車産業で製品イノベーションを起こすには、数十億、数百ドル規模の投資が必要だろう。でも、大半の人はサービス業に従事している。この領域なら、巨額の投資がなくても新商品はつくり出せる。サービス業における新商品は、企業にイノベーションの文化が根づいていれば、従業員の思いつきや提案から始まるものだ。

私がネッツに来たとき、「イノベーション」という言葉は禁句扱いだった。これはプロスポーツチームではそう珍しくはなかった。業界を問わず、こうした風潮は今でも見られる。意味不明なのだが、プロスポーツチームの多くは、マーケティングの新アイデアが出るたび、以下の2フレーズで逃げている。

①「それはうちのマーケットでは通用しない」
②「うちのマーケットは特殊なので」

スポーツ業界に限らず、この2つのフレーズを使う企業は多い。よくそんなデタラメを言うものだ。知ってのとおり、優れたマーケティング原理は市場を問わず通用する。もちろん、多少の微調整は必要だろうが、良いマーケティングはどこでも効果が出せるはずだ。

## イノベーションの基本ルール

もうおわかりだろうが、イノベーションは日常化すべきものだというのが私の持論だ。でも、時には職場を離れて行なう「シンクタンク・セッション」が、イノベーションをジャンプスタートさせるための最善策となる。ニュージャージー・ネッツでも実施した手法だ。

営業部門のほとんどの人員を近郊のリゾートに呼んで、3日間のシンクタンク・セッションを開催した。いくつか前提と課題を設定し、イノベーションのための基本ルールを次のように設定した。これは、議論が脇道に逸れないためだ。

### ①商品は何も助けてくれない

会社をジャンプスタートさせる最も簡単な方法は、製品（ネッツの場合はチーム編成）を改善することだった。どの会社でも、それができれば一番手っ取り早い。ネッツの場合、マイケル・ジョーダンとシャックの獲得さえできれば、私たちは一夜のうちにマーケティングの天才になれる。しかし残念ながら、ボタンを押すだけで、圧倒的に優れた商品ができあがるなんてことはありえない。どの企業も同じだ。

ミーティングに集まったのは、営業・マーケティング部門の人員だ。私たちに「製品を改良する」という選択肢はない。ネッツのチーム編成を大胆に変える権限はないのだ。だから、このミーティングでは、「製品を改良する方法」の話はしないと決めた。チーム編成について話しても、時間の無駄だ。だから、「商品は何も助けてくれない」という基本ルールを設定した。この場は、**与えられた商品をどう売ればいいかを考える**場所だ。商品自体の改善ができないのに、マーケティングのチームでそれを突き回しても仕方がない。

これはよくあることだ。製品がそれ自体の魅力で勝手に売れるような劇的な改善など、マーケティング担当者としては期待できない。**どれだけひどい商品でも、与えられたらそれを売るしかない。**

### ②成功できそうなマーケティング領域を絞る

我々の商品（ネッツ）を全方位にマーケティングするのは無理だ。それなら、**最も勝てそうな領域に注力**したい。

人気チームとの大試合なら、チケットを売り切るチャンスがありそうだ。具体的には、オーランド・マジック戦、シカゴ・ブルズ戦、そしてニューヨーク・ニックス戦だ。こうした成功可能性のある大試合のチケット販売戦略に、シンクタンクの全エネルギーを注ぎ込むと決めて、**見込みの薄い領域（他の試合）には時間を使わない**ことにした。

### ③成功の見込みがある領域に特化した戦略を立てる

**人気試合をパッケージ化することで、チケット完売試合を増やせる**と考えた。

チケット完売は、それ自体がプロスポーツチームにとって最高のマーケティングツールになる。どの試合も席が大量に余っていると知っていたら、ファンはチケット購入を先延ばしにし

チケット完売試合数の実績推移

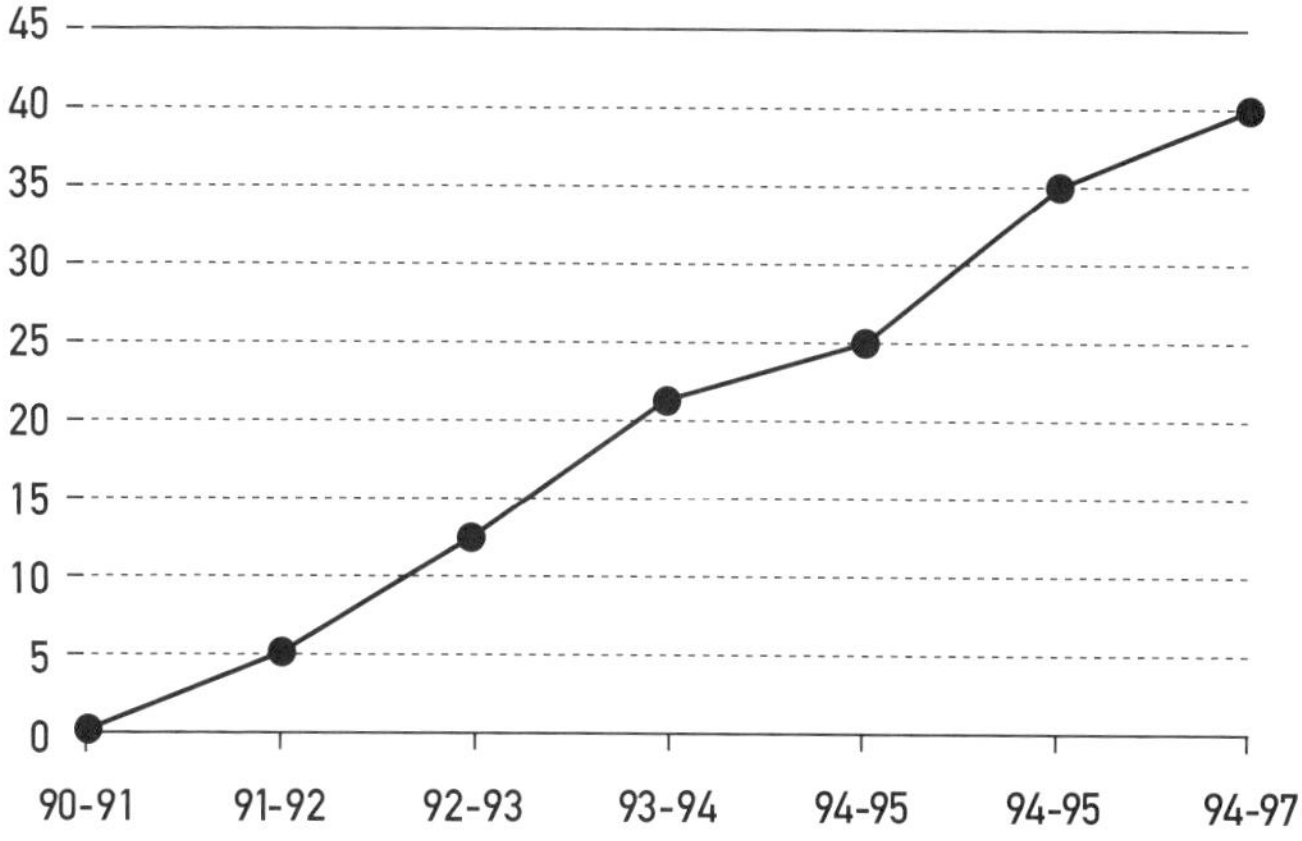


て、結局買わないかもしれない。人気ゲームは売り切れると認識されれば、数カ月前に前売り券のセットを購入してくれるだろう。

アリーナを完売させるには、7試合セットの前売り券セットが不可欠だった。これを売り切ったことで勢いがつき、自信を持ってさらに完売試合を増やすことができた。上の図は、チケット完売試合数の実績および直近の目標である。

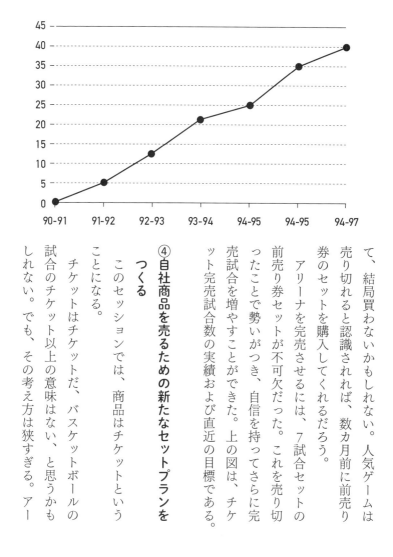

### ④自社商品を売るための新たなセットプランをつくる

このセッションでは、商品はチケットということになる。

チケットはチケットだ、バスケットボールの試合のチケット以上の意味はない、と思うかもしれない。でも、その考え方は狭すぎる。アーム&ハマー社が製菓用だった重曹を冷蔵庫の消臭剤として売り出したような発想は、その考え方からは出てこない。

私たちは、特に大企業向けのチケットの新しいセットプランをつくりたかった。年間チケットの法人営業は、それなりにうまくいっていたが、購入企業の大半が中小企業だった。理由は、その規模の企業ならば、営業担当者が社長にアポイントを取れたからだ。

一方で、ニュージャージー北部にはフォーチュン500に名を連ねるような企業も多いのだが、そうした大企業の社長にアポイントを取るのはかなり難しかった。たとえ社長への営業アポイントが取れたとしても、従業員数が何千人の規模で、世界にビジネスを展開し、執行役員がどっさりいるような大企業に見合った営業提案はできなかった。通し4枚セットなどとは違う「大型商品」が明らかに必要だった。

大型商品って何だろう？　ここで意地でもイノベーションを起こしたいところだ。大企業を相手に、年間チケット4枚セットとは桁違いの大商いをして、多くの試合を完売しなければならない。

## 試合前に「ビジネス界のカリスマの講演会」という発想

4つの基本ルールを元に、大企業をターゲットにした新商品のアイデアを考えた。「年間チケットを買って地元チームを応援してくれ」という以上の内容が必要だ。そのために、**ビジネス界のカリスマであるトム・ピーターズ、ハーベイ・マッケイ、ルー・ホルツを呼んで講演してもらう**ことにした。

この新しいチケットは、3試合通しの前売り券セットだった。対象の3試合では、試合前にゲストスピーカーの講演があり、モチベーションが上がるような話が聞ける。講演は午後5時30分から1時間弱で、その後、試合開始までの約1時間が飲食の時間だ。試合前の講演料はチケット代に含まれていた。

もちろん、講演料は安くはなかった。計算してみよう。1人あたりの講演料は平均約4万ドルだった。1階席の料金は1席54ドル50セントだ。この3試合のチケットは733枚売れば収支は合う。しかし、収支トントンは目標ではない。入場料収入を大幅に増やした上で、3試合を完売するつもりだった。人生が何もかもこんなふうに簡単に行けばいいのに！

私は若い営業スタッフと一緒に、大企業の社長に会いに行った。どの社長もネッツの不甲斐なさを散々こき下ろした。それをたっぷり拝聴したあと、私は「なるほど。では、我々が御社にどんなお手伝いをできるかお話しさせてください」と言って、3試合の通しチケットについて説明する。

するとたいていの社長は「で、それは何個買えるんだ？」と言った。これには面食らった。ネッツでは、そんな質問を受けたことがなかったからだ。

「いくつご希望で？」私は尋ねた。

「750とか？」

単価は163ドル50セントだから、売上総額は12万2625ドルになる。

ほとんどその場の思いつきで、私は営業トークを続けた。「ところで、ネッツの年間チケットはお持ちじゃないですよね。8席どうでしょう？　わずか1万6000ドルです」

「じゃ、それも」

営業完了だ。

ニュージャージー州北部の大企業をしらみ潰しに当たった。従業員2000人超なのに社名を聞いたこともない企業もあった。それは、ニュージャージー州エリザベスにある石油精製会

## 講演会付きチケットの試算

| | 講演会を付ける前 | 講演会付き（見通し） |
|---|---|---|
| 1試合のチケット | 30万ドル | 60万ドル |
| 3試合通しチケット | 90万ドル | 180万ドル |
| 完売の可能性 | あるわけない！ | あり |

社で、7万ドル分のチケットを買ってくれた。

営業1週めで、3人のゲスト講演者のギャラの支払いができた。その後も、快進撃を続け、さらに3試合を完売させた。

この完売には、かなりの旨みがあった。というのも、セットの3試合は、NBAのお荷物である新規加盟チーム戦および、不人気にあえぐミネソタ・ティンバーウルブズ戦だったからだ。私たちはついに、ティンバーウルブズ対ネッツという不人気チーム頂上決戦のチケットを完売させるところまで来たのである。

## 商品はそのままで、マーケティング視点でイノベーションする方法

ネッツの商品で、どのようなイノベーションができたか、ざっと見てみよう。

**◎商品自体は同じ**

マイケル・ジョーダンもシャックもチームに加入していない。選手の顔ぶれは同じで、ファンも嫌気がさしてきていた。

**◎販売する席は同じ**

メドウランズ・アリーナは何ら変わっていない。いつもどおりの2万席だ。

**◎売り方を変えた**

違うのは、販売パッケージを劇的に進化させたことだ。人気の講演者3名を加え、来場体験

を大幅にUPさせた。講演との抱き合わせにすれば、「3試合通しチケット」がよく売れた。大企業が750枚のパッケージを買うと、2250枚のチケットが売れたことになる。41試合分の年間チケット約55枚に相当する売上だ。

この3人の著名なカリスマ講演者のおかげで、我々の商品がパッとしないという事実が目立たなかった。対戦相手も相当しょぼかったが、悪目立ちすることはなかった。

この方法は効果的だった。というのも、その時点でネッツは、スター選手を擁する人気チームとの対戦を目玉にした前売り券セットを売って、主催試合の半分以上を完売させていたからだ。完売試合がそれほど発生していなかった時点では、みすぼらしい試合にいくらカリスマ講演者を抱き合わせにしても、ここまでの効果が出たかは不明だ。

イノベーティブな3試合通しチケットを追加した以外は、何も変わっていなかった。ネッツは、3試合通しチケットで売上を伸ばした上、初めて地元の大企業との関係構築ができた。

その1カ月後、私は法人営業担当とシンクタンク・セッションを行なった。基本ルールは前回と同じだ。

①商品は何も助けてくれない。

②成功できそうなマーケティング領域を絞る。
③成功の見込みがある領域に特化した戦略を立てる。
④自社商品を売るための新たなセットプランをつくる。

スタッフは50のアイデアを準備してくることで、一定の思考プロセスを各自で進めていた。さらに、基本ルールを設定してあったため、単純な質問が画期的なアイデアにつながった。それが、チームベンチの背後にある看板である。これが翌シーズンに100万ドルの利益をもたらしたのだった。

## 上司がイノベーションを嫌がる場合のやり方

ビジネスをやっていれば、イノベーションを拒む上司の犠牲になった経験があるだろう。これは避けられない。イノベーションに賛成してくれる上司を探して離職しても無駄だ。

イノベーションは、立場を問わず、本書の読者が起点となって始められる。あなたが始めればいい。

とはいえ、部署に味方がいない孤独なイノベーターになるのは、自分の健康とキャリアにリスクがある。安全性を保ち、影響力を高めるための工作をしておこう。

そう、**「ゲリラ集団」を結成する**のだ。

作戦さえしっかりしておけば、**「イノベーションのためのゲリラ集団」**をつくるのは、さほど難しくない。以降の2つの章では、「イノベーションのためのゲリラ集団」結成と活動のための、単純で効果的な作戦を解説しよう。

**いったん「イノベーションのためのゲリラ集団」ができたなら、自分たちでシンクタンク・セッションを開けばいい**。これは、就業時間内にやる必要もないし、リゾートや研修施設に行く必要もない。週末、誰かの家の地下室でやってもいい。重要なのは、**イノベーションをたくらむこと**、そして、**イノベーションを嫌う上司にそれを売り込めるように仕掛けておくこと**だ。

荷が重すぎるって？

そんなことはない。イノベーションに消極的な上司を説得するのは、意外とちょろい作業だ。次章を読めばわかるとおり、**上司にイノベーションを売り込む際には、明らかに優位に立てるズルい方法がある**。だからとにかく、イノベーションが必要だ。イノベーション、イノベーション、何がなんでもイノベーション。それに尽きる。

## 第6章　まとめテスト

①シンクタンク・セッションの際、マーケティング担当者にとって現実に可能なイノベーションの種類を2つ挙げよ。

A ______________________

B ______________________

②マーケティング担当者がシンクタンク・セッションを実施する際の、4つの基本ルールを答えよ。

A ______________________

B ______________________

C ______________________

D ______________________

# 第6章 テストの答え&解説

## ①の答えと解説

A　ちょっとしたイノベーション。

会社をジャンプスタートさせるような画期的な製品や、画期的なマーケティング手法も大事だが、ぜひここでは、小さなイノベーションを探してほしい。商品や会社のマーケティングに使える「売り」がもう1つできないか、探そう。

B　新商品のイノベーション（サービス業の場合）。

サービス業の場合、新製品には何十億ドルの投資は不要だ。数百万ドルどころか、数千ドルもかからないものも多い。チームのベンチ裏の看板のように、マーケティング担当者はイノベーティブな商品を生み出すことができるのだ。

## ②の答えと解説

この4つの基本ルールは、部下に思いつきを挙げてもらって、そこからイノベーションを導こうという場合に、現実的で実現可能な範囲に絞るために役立つはずだ。

A　商品は何も助けてくれない。

B　成功できそうなマーケティング分野を絞る。

C　成功の見込みがある領域に特化したの戦略を立てる。

D　自社商品を売るための新たなセットプランをつくる。

# 第7章

# 「イノベーションのゲリラ集団」を結成せよ

## 「イノベーションのゲリラ集団」のつくり方

ニュージャージー・ネッツで過ごした4年半で、私にとっての最高裁判所――ネッツのオーナー7人衆――に却下されたアイデアは1つだけだ。そのたった1つの例外が、「スワンプドラゴンズ」に改名しようという起案だった。

それ以外、すべての起案を通せたのは、たまたま運が良かったからではない。決して簡単ではなかった。なにしろネッツにはオーナーが7人もいたのだ。7人ともビジネスの成功者で、仕事の進め方に一家言ある人物ばかりだった。

それでも奇跡みたいな高確率で承認を得られたのは、私が「イノベーションへのゲリラ集団」をいつも結成していたからに他ならない。

もしもあなたが会社の社長なら、何の問題もない。会社をジャンプスタートさせるべく、組織に新しくイノベーション文化を築けばいい。

社長でなくても大丈夫だ。勤務先企業がジャンプスタートできるよう、新しい文化をつくろう。ただし、自分ひとりで進めるのではなく、手助けが必要になる。「イノベーションへのゲリラ集団」を味方につければ心強いはずだ。

イノベーションを起こすステップを、次に紹介しよう。かなり簡略化はしてあるが、この手順を踏めば、どんな状況からでもイノベーションは起こせる。

## 同志を引き入れる——「イノベーションを起こす」ステップ1

私がポートランド・トレイルブレイザーズのマーケティング担当部長に就任した1979年は、スポーツビジネスの氷河期だった。チケット販売はファンの気分任せだった。試合に行きたければチケットを買うし、気が乗らなければ買わない。

スター選手が年俸数百万ドルを獲得する時代が到来し、全米のスポーツチームの運営は変革を迫られていた。この新時代には、ファンがチケットを買い、企業が協賛してくれるのを、運営側が受け身で待っているわけにはいかなくなった。当時は口に出すのもはばかられた、下品な手段に頼らざるを得なくなったのである。そう、マーケティングだ。新時代には、生き残りをかけてマーケティングが行なわれるようになった。

1979年時点では、ブレイザーズ本部の従業員はたった11人だった。経理が2名、受付1名、選手人事担当1名、社長1名、社長の腰巾着1名、営業部長1名、チケット販売部3名、それに私だった。私以外の10人は、選手の入れ替え以外は何も変更しない、という方針を全面支持していた。社長の口癖は「壊れていないなら、直すな」だった。モーセの十戒にそれを加えてネッツの十一戒になっていた。そのうち、このフレーズが銅板に刻まれ、経営理念として事務所の会議室に飾られるんじゃないかと思っていたほどだ。

私の考えはちょっと違った。「壊れていないなら、その間に改善しておけ」だ。そうしないと、想定よりも早く大規模修繕が必要になるに決まっているからだ。当然、社長の方針とは「文化の衝突」状態である。

当時のブレイザーズの組織では、すぐに同志を見つけることはできず、単独でやっていくしかなかった。イノベーティブな案を考えても、実現のために毎回かなり馬鹿げたハードルを飛び越えなくてはならなかった。

とはいえ、私には強力な武器があった。オーナーの「鶴の一声」である。トレイルブレイザーズのオーナーは、私にイノベーションを求めていた。彼は、時代が急激に変わるのを察知し、「スポーツビジネスの未来はこれまでとはまったく違うものになる」と見抜いていた。だから、ロサンゼルス在住のオーナーとは遠く離れたポートランドの本部事務所で、私が地雷原を突き進んでいるときも、オーナーは私の味方だと心強く思っていられた。

しかし、いくら後ろ盾があるとはいえ、現場で同志を引き入れないことには、成功はできない。第1号は、職場のいざこざで辞めようとしていたベテラン従業員だった。彼をマーケティング部門に引き込んだ。第2号は、できたてのマーケティング部門で秘書に採用した若い女性だ。反乱軍はこうして生まれた。

## 最高裁で死刑宣告から自分を弁護するつもりで準備をする——「イノベーションを起こす」ステップ2

部下が新しいアイデアの「観測気球」を上げてきたときに、色良い返事をしてくれる上司は、私を含めてほぼいない。たいていはこうなる。

従業員「あの、新しい案があります。こういうの、どう思います？（ここには、最近どこかで聞いたような新企画の大雑把な説明が入る）」

上　司（内容が甘く、具体性に乏しいため、一瞬の直感で問題点を見抜く）「この点は考えた？（ここには、部下が出した案への反論が入る）」

従業員「あ、はい。あ、あのですね、ほら……何とかなると思うんですが……」

上　司　「もういい」

ちょっと単純化しすぎたかもしれない。実際の上司はもっと手厳しいセリフを言いそうだ。「馬鹿げた考えだ」「うまくいくわけがない」「壊れてないなら、直そうとするな」などなど。

こうしたセリフでアイデアは頓挫《とんざ》する。これを数回繰り返すうちに、従業員は諦観する。会社を辞めない限り、新しいアイデアの起案はリスクだとためらうようになる。傷跡を見るたびに思い知らされるからだ。

でも、自衛の手段はある。準備だ。それも本物の準備だ。**書面で準備する**のだ。最高裁で自分を弁護する場合と同等の準備をしよう。観測気球の打ち上げなどではなく、あくまで、**自分の起案を相手に呑ませるための準備**である。

最高裁には喩えたけれど、裁判資料のように大量の文書を出すべきではない。ビジネスでは、しっかり考えたうえで、**6、7ページ程度のエグゼクティブ・サマリー**にまとめておこう。

エグゼクティブ・サマリーの構成は、以下のとおりだ。

**【前提】**

この新施策の影響範囲となる社内の現状を説明しよう。感情を排して客観的に、正確な分析をすること。情報が不正確だったり、感情で歪んでいたりする場合は、前提からすでに間違っている。前提がおかしいなら、解決策も間違いだろう。この項は、エグゼクティブ・サマリーの重要ポイントだ。長さは案件によって異なるが、1〜3ページ程度にする。

【コンセプト】

アイデアについて、簡潔に記述する。(前提が的を射ていれば、ここでは1、2段落、1ページに収まるだろう)

【根拠】

会社はなぜ、その施策を実行すべきなのか。会社としてのメリットは何なのか。増収か、増益か、職場環境の改善なのか。この項で、予算についても検討しておこう。かかる費用と、実施後の入金まで、どのくらい期間がかかるのか、キャッシュフローを示しておこう。

【懸念点】

起案を通すうえで、直面しそうな反論は、ここに書いておこう。反論と正面から戦わずに、うまくすり抜けて逃げても意味がない。どうせ上司というものは、脊髄反射のように反論を思いつくものだ。それなら上司に先回りして、課題を洗い出しておけばいい。そうすれば反論が来ても準備万端で臨める。最高裁に入る前に、こうした反論をうまく処理しておくことが、勝負の決め手になる。必要なら、この項には数ページを割くこと。

【要約】

承認をもらうべき要点と、実行スケジュールを示す。1〜2段落にまとめる。

このエグセクティブ・サマリーについて、1つ警告がある。「誇大表現に注意！」ということだ。文章を見直して、不用意な形容詞や副詞、雑な断定表現がないかをチェックし、あれば削除しておくこと。妙に大げさな提案は不信感を招く。派手な表現を使いたいなら、企画書ではなく、次のステップで使おう。

## 最高裁でプレゼンテーションする

### ――「イノベーションを起こす」ステップ3

悪魔と真っ向勝負する準備は整った。敏腕弁護士、F・リー・ベイリーやジョニー・コクランのような名プレゼンで、歴史に名を残すチャンスだ。

「イノベーションへのゲリラ集団」を結成しているなら、メンバーを連れていこう。ただし、各メンバーには決まった役割がある。キャプテンは1人だけ、その人が全部を説明する。基本的に、他のメンバーは黙っているが、「スポーツ解説者」としてのコメントが必要な場面だけ、適切に貢献すればいい。

プレゼンテーションの冒頭では、最高裁に対して「すべて文書にまとめてあります」と伝えて、製本しておいた資料を見せよう。ここでは見せるだけで、配布はしない。相手に渡せば、プレゼンはおしまいだ。誰もあなたの話を聞かずに、先を読み出すからである。

冊子を見せるだけで、「この起案は、単に観測気球を上げてお伺いを立てるだけではない」と強調できる。あなたの真剣さが伝わるはずだ。さあ、舞台は整った。

ちらりと見せた資料の内容を、「前提」から順に、堂々と口頭で述べていこう。資料を棒読みせずに、対話するような口調で、アイデアを提示していくこと。現状を正確に伝えることができれば、スムーズに、次の「コンセプト」の項へと進めるはずだ。現状分析が不正確であるとか、コンセプトに合わせて現状を歪曲した場合には、ここで返り討ちに遭うのを覚悟するしかない。ここで負けたら、もう取り戻せない。

プレゼンテーションは、エグゼクティブ・サマリーに書いた順序で進めること。文書ではなく口頭だという以外は何も変える必要はない。

続いて、コンセプトの説明だが、その途中で、反論を受ける場合もあるだろう。この段階では、「ご指摘への回答は用意しているつもりですが、まずは最後まで説明させてください」などと伝えて、弁明は後回しにしよう。

数字の話に来たら、冊子を開いてそのページを見せよう。片手で冊子を持ち、反対の手で数字を指し示せば良い。絵空事ではない妥当な数字を使っていれば、この箇所はスムーズに進行するはずだ。

プレゼンテーションの締めはシンプルだ。要点を述べ、冊子を配布して、実施スケジュールを伝えて終了だ。

口頭でのプレゼンテーション中であれば、多少は大げさな言い回しや感情表現を使っても、不信感を買いづらい。録画されているわけでもないので、書面とは違って、あとでしつこく粗探しをされることはないだろう。

## 否定派と対峙する方法

私はこれまで、世界有数の否定派たちとやり合ってきた。他人の提案にケチをつけ、批判することで出世してきた人だ。それでも、本章で説明した手順どおりにやれば、私の打率は9割。10打数9安打だ！　この高い打率は、ひとえに準備のおかげだと思っている。

世の中はフェアではない。最高裁向けにばっちり準備をしたのに、口頭弁論は拍子抜けするほど楽勝という場合もあった。議論にもならず承認されることもあった。

とはいえ、そもそも「ゲリラ集団」をつくるのは簡単ではなかった。反乱分子の1人として最高裁に出たいと望む人ばかりではない。文書の準備も大変だった。でも、そこを乗り越えてしまえば、承認を得るのは容易になる。

私が連戦連勝できたのは、**人間の本性に基づいて行動した**からだ。最高裁では反論が出るに決まっている。相手は否定する気満々で、論破する隙をうかがっている。過去の判例をチェックして、反論を出してくるのはお手のものだ。だが、準備万端のゲリラ集団に対抗する用意は向こうにはないはずだ。反論の準備も覚悟もできていない。明らかな反論を唱えたつもりが、ゲリラ集団に反駁《はんばく》され、よく練られた議論で決定打を浴びたら……。「そんなはずじゃないだろ、ずるいよ」と否定派は困り果てるしかない。

私にとっての最新の最高裁（経営者は変わるものだ）で、**ある程度、経験値を積んだら、物理的に完璧な企画書はつくらず済ませる**こともある。もちろん、ゲリラ集団の結成、文書の作成など、企画書作成に必要な作業はすべて終わっていて、文書化の作業だけを省略するわけだ。こういう場合でも、**収支予測とキャッシュフローのスプレッドシートだけは用意しておく**こと。資料づくりをショートカットしていいのは、最高裁の現状についてリアルな実践知を持っていて、他の準備がしっかりできている場合に限られる。

なお、時には、「今の最高裁がどんな反応するかは読めるぞ」と思うこともある。そこで私は、資料づくりを省略し始める。ついには、資料作成をサボるにとどまらず、ゲリラ集団も呼ばなくなり、準備が不十分になる。「この案、どう思いますか？」式の態度に逆戻り、というわけだ。

その途端、ガツン！　とやられる。例外なく、最高裁は元の姿に戻って、私の起案をコテンパンに打ちのめす。アイデアは容赦なく惨殺されて終了だ。「どう思いますか？」と出したアイデアは、一度でも最高裁で処刑が決まれば、再起はほぼ不可能だ。私はこの教訓を何年もかけて学んできた。それなのに、また手間を惜しんで、観測気球を打ち上げようとする。その瞬間、敵のミサイル格納庫が開いて、観測気球が迎撃される光景を、ただ眺めることになる。まったく、いつになったら私は学ぶのだろう。

## 第7章 まとめテスト

①空欄を埋めよ。「壊れていないなら、＿＿＿」

②アイデアを経営陣に承認させる３ステップを簡潔に答えよ。

A ＿＿＿＿＿＿＿＿＿＿＿＿＿＿＿＿

B ＿＿＿＿＿＿＿＿＿＿＿＿＿＿＿＿

C ＿＿＿＿＿＿＿＿＿＿＿＿＿＿＿＿

③（複数選択可）否定派を打ち負かすには何が必要か？

A 「どう思いますか？」と観測気球を打ち上げる

B 大袈裟な表現

C 準備

# 第7章 テストの答え&解説

### ①の答えと解説

「直すな」と回答した場合、その先には深刻な問題が待ち受けている。今どき、「壊れて」いる商品は少ない。だが、商品改良をせず放置していると、壊れるチャンスすらなくなってしまう。その間に、競合他社がより優れた改良品を出して、顧客と市場シェアを奪っていくからだ。正解は「その間に改善しておけ」だ。

### ②の答えと解説

A　同志を引き入れる。

B　最高裁で死刑宣告から自分を弁護するつもりで準備をする。

C　最高裁でプレゼンテーションをする。

「時間がもったいないから、準備は省きたい」と言ってくる人もいた。

その場合には、「自分の起案が通る成功率はどのくらい？」と聞くことにしていた。

「あまり通らないよ。だって、うちの上司は本当に嫌な奴なんだ」

上司なんて全員、嫌な奴に決まってる。私だって上司としては嫌な奴だった。結局は、本気で起案を通したいかどうかだ。承認を勝ち取りたいなら、嫌な上司への対策をするしかない。対策もしない人は、本気でその起案を通したいわけじゃないんだろう。

### ③の答えと解説

「準備」が大事だ。準備こそ、否定派がやってほしくないことだ。「どう思いますか？」レベルの起案では、そのアイデアもあなたも爆死する。大袈裟な表現をするのも、あなたとアイデアにとって損になる。誇張すると、そこを簡単に狙撃される。そうなると、あなたへの信用も失墜し、アイデアともども、再起不能になりかねない。

# 第8章

# 顧客が
# 買いたがる商品だけ売る、
# 少しだけ多く売る

# 営業におけるシンプルな行動原理

ニュージャージー・ネッツでは、営業の規範はごくシンプルで、それ以外に決まりは存在しなかった。営業部隊をジャンプスタートさせる鍵となった行動原理は次の2つだ。

◎顧客が買いたい商品だけを売る。
◎顧客が買いたいと思うより、少しだけ多く売る。

もう少し具体的にいうと、次の3つになる。

**①理不尽なアップセル（上位商品販売）営業はしない**

たいていの企業は、これとは真逆の行動原理を採用しているだろう。車のディーラーならば、最安値の車を探して来店した客に、倍の価格の車種を売ろうと営業スタッフが頑張る。

保険業でも、コンピューターやテレビの販売でも、オフィスの事務機器業界でも同様だろう。販売単価アップが行動原理になっている企業は多そうだ。

でも、ネッツでは、こうした過剰な営業は奨励されなかった。

7試合セット前売り券しか買えないファンに、フルシーズン41試合の年間シートを売りつけようとはしなかった。

そのファンの欲しいもの、無理なく払える金額を把握したら、〝ほんの少し〟上のパッケージへと誘導する。3試合追加セットなどを紹介するわけだ。

この方針のせいで、ネッツは本当なら伸ばせたはずの売り上げを捨てたのだろうか。そうかもしれない。でも、私たちはファンに満足感も一緒に売っていた。ここで年間シートを押し売りしたところで、翌シーズンには更新してもらえない可能性が高い。

## ②合理的なダウンセルをする

ダウンセルだって？　アメリカ的精神を忘れたのか？　ふざけたことを言い出すんじゃない、と思うかもしれない。

トヨタの販売員が、「3万5000ドルの4ランナーではなく、1万6000ドルのターセルにしませんか」と客に勧めるなんて、想像もできないだろう。営業課長に知られたら、販売員はクビ確定だ。

でも、私たちの行動原理を思い起こしてほしい。「顧客が買いたい商品だけを売る」のだ。

もし買い手が本当に3万5000ドルの車を買う余裕がなかったとしたら、どうなるだろう。ローンの審査にはなんとか通ったとしても、毎月の支払いを工面するのがつらくて、その車が嫌いになるかもしれない。

「合理的なダウンセル」という、型破りな方針にも、ちゃんと裏付けはある。狙いはリテンション、すなわち**顧客が離脱せずに継続購入してくれること**だ。年間シート購入者向けの更新案内DMに、「会員種別のダウングレードもお受けします」と明記したプロチームは、ネッツだけだったと思う。

理由はシンプルだ。この世界は移ろうもので、**大口顧客（年間シート購入者）にも、時にチケット代を抑えざるを得ない場面が来るもの**だからだ。

たいていのチームでは、年間シートをやめて安い種別に切り替えたいというファンは、裏切り者扱いされるだろう。しかし、単価が下がるからといって顧客を裏切り者扱いしたら、その顧客は完全に離脱してしまう。**私たちはとにかく顧客を失いたくなかった**。年間シート購入者が、予算を抑えたいのであれば、その希望に沿った観戦パッケージをつくった。約半分の21試合パッケージなどだ。単価の安い観戦パッケージからフルシーズンの年間シートへとアップグレードする顧客への対応と同じように、**ダウングレードを希望するファンと一緒になって、私たちは商品を共同設計したのだ**。

## ③おとり商法はしない

スコアラー席の看板だけを買いたい企業に、ラジオのスポンサー枠も売りつけることはしなかった。ただし、特定のスポンサーにとって、スコアラー席の看板とラジオをセットにしたスポンサーシップのほうが効果的なのが明らかな場合には、その提案を行なった。

かなり基本的な話しかしていないと思うのだが、そう聞こえないのは、**消費者の欲しくないものを企業が売りつけて、誰もがその犠牲になっている**からだろう。

営業担当者が「17インチのテレビ（400ドル）ではなく、40インチのテレビ（2000ドル）がおすすめです」とか、「1万7000ドルの車より4万ドルの車のほうが、ご満足いただけるはずです」などと言って、顧客がそれほど欲していない商品をうまく売りつけたとして、それでどうなるのか。営業担当者は歩合給を稼げるし、上司も喜ぶだろう。だが、会社は、将来の顧客を失うのだ。顧客は二度と戻ってこない。

## 誰も欲しがらない商品を売りつけるのは、本当のセールスではない

「うちの会社には、厳しい商品専門の営業部隊があるんですよ」と、飛行機で席が隣になったプラスチック成形会社の社長が言った。

「誰も欲しがらない商品を売ってるってこと？」

「まあ、そうだね。私はそういう言い方はしないけれども。でも、良い商品なら誰でも売れるでしょ。良い商品しかないなら、営業スタッフなど不要ですよ」

「もし営業スタッフが、一番良い商品、つまり、顧客が最も欲しがる商品ばかりを売ったら、どうなります？」と私は聞いた。

「そんなことをしていたら、会社は回らなくなりますよ」と彼は言った。

私は即興で、2つのシンプルな提案をした。次のどちらかを実行すればいい。

①営業スタッフを解雇する。数人だけ残して、最良の商品の受注担当に充てればいい。

②顧客が買いたい商品の製造ラインを追加して、営業スタッフを製造に異動させる。

ジャンプスタートの行動原理が私に芽生えたのは、ずっと昔、大学生の頃だ。学部の授業で学んだのではない。知り合いになったフォードのディーラーが、きっかけだった。当時はマスタングとファルコンの全盛期だった。私の頭の中で、この2つの車種は常にリンクしていた。マスタングは一番の売れ筋で、一方のファルコンはいつ故障してもおかしくないゴミみたいな車種だった。

「マスタングなら、入荷しただけ全部売ってみせる」と、そのディーラーは言った。けれど、当時、フォードは工場から納品するマスタング（最高の商品）の台数に規制をかけていた。ディーラーへの入荷数は、ファルコン（最悪の商品）の販売数に基づいて決められた。

「フォードの最悪の商品を10台売ってようやく、最高の商品が1台売れるようになるってこと？」

若かった私は、無邪気に尋ねた。

「そうだね」と彼は言った。

**「ファルコンはゴミだってわかってるのに、マスタング購入者1人の満足のために、ファルコンを10人に押し売りして、その人たちをガッカリさせてるわけ？」**

「そうだ」

こんなマーケティング哲学では、フォードは自爆しに行っているも同然だった。ファルコンの購入者が3年後に買い替えを検討するとき（ファルコンはゴミだから、買い替え周期はもっと早いだろう）には、フォード以外の車を探すだろう。それがたまたま日本車だったのだ。米国の自動車メーカーは、ジャンプスタートの行動原理に背いた結果、日本車の市場参入に大きく門戸を開いてしまった。フォードのマーケティング手法は、短期的にはうまくいっていたのだろう。マスタングでディーラーを釣って、ファルコンの押し売りをさせていたのだから。

「もしも、フォードのディーラーが、市場が求めるだけのマスタングを売れたなら、どうなっていたでしょうね？」と私は、ディーラーに尋ねた。

「俺は金持ちになれた。マスタングなら、ファルコンみたいに値引きをしなくていいし。客もみんな満足してくれただろう。営業スタッフは俺を聖人扱いして、銅像を建ててくれただろうね」

もちろん、自動車の製造ラインを変更するには、莫大な費用がかかる。でも、マスタングの生産シフトなら増やせたのではないだろうか。あるいは、ファルコンの組み立てラインをマスタングに変更できなかっただろうか。やればできたはずだ。コストはかさむが、ディーラーが儲かるなら、フォードの収益も改善したはずだ。日本車の米市場参入の扉も非常に狭くなっていただろう。

フォードはマスタングとファルコンの販売戦略から教訓を得た。トーラス発売時には、フォードは顧客が望む数を市場に送るために、可能なことは全部やったし、不可能に思えることまでやってのけた。トーラスは結局、5年連続で売り上げ1位を記録した。ディーラーは、トーラスを1台売るために、ファルコンの後続モデルを10台売らされることはなかった。全米で最も人気のある車だけを売りたいなら、それが可能だった。

## ジャンプスタート営業の行動原理の効果

ジャンプスタート営業の行動原理を徹底すれば、企業には非常に大きなメリットがある。

**①売り上げの上昇**

顧客が欲しがる商品に全力を注ぎ、顧客が買いたくない商品に労力を使わなければ、当然、売上高は大幅に伸びる。

### ②顧客満足

顧客は、高いものを無理に多く売りつけられずに済む。欲しいものを、望んだよりも少しだけ多く手にしているのだ。満足すれば、顧客はリピーターになる。リピーターほど収益率の高い顧客カテゴリはない。

### ③モチベーションの向上

これほど従業員の士気が上がることは他にないだろう。顧客が買いたいと思う商品に特化すれば、販売スタッフに自信がつき、仕事も楽しくなり、胸を張って歩くようになる。何と言っても、彼らが売っているのは、ファルコンみたいなゴミではなく、マスタングの自社バージョンなのだ。

士気やモチベーションは、かなり重視されている。どの企業でも、モチベーション向上のために研修会を開き、音声や動画教材、ポスターやステッカーなどに多額の経費を割いている。だが、モチベーションを上げるには成功体験ほど有効なものはない。世に求められる商品を製造・販売していれば、従業員は自然に成功体験を得る。それが、やる気につながり、士気も上がるというものだ。

# 人気商品の生産が追いつかないときの対処法

顧客に求められている商品の生産が追いつかない場合には、どうすればいいのだろう。かなりのジレンマである。

まともな解決策は2つ、そして、あまり良くない策が1つある。

## ①最善策：顧客が買いたい商品を、もっと生産する

製造業では通常、人気商品の増産は可能だ。サプライヤーが部品を空輸する必要があるなどで、製造コストは多少上がるだろう。それでも、顧客満足度を高められるなら、製造原価の上振れに見合う価値がある。

とはいえ、人気商品を増産できない業種、業態もある。コンサートのチケットが完売したら、それ以上は売れない。ネッツの試合が完売になれば、それ以上、アリーナに人を押し込むことはできない。私は、この問題をポートランド・トレイルブレイザーズ時代に解決した。

私がブレイザーズに在籍していた11年間は、全試合が完売だった。全試合完売といっても、試合によって需要の幅はあった。ビッグゲームのチケットは争奪戦だったが、そのためにアリ

ーナの座席を増設するのは不可能だ。

そこで、ケーブルテレビで有料のテレビ観戦チケットを追加販売したのである。有料放送チケットの収入が、入場券収入を上回った試合もある。こうして、顧客が買いたい商品を増産できたのだ。

しかし、この方式を他の試合にも拡張して、完売はしているが、それほど需要の高くない試合にも有料視聴を設定したところ、あえなく惨敗した。そうした試合では、有料視聴の収入で制作費を賄えない事態も起きた。

**②次善策：予約注文を受ける**

顧客が買いたい商品を、納得のいく期間内に増産できるのであれば、予約を取るのもいい。ウェイティング・リストをつくって、顧客から金銭的なコミットメントを得ておきたい。追加生産の納期がかなり先でも、予約販売自体は可能だ。だが、その期間が長くなれば最終的な購入率は下がる。予約を待っている間に別の選択肢が現れて、そちらに流れてしまうからだ。

**③あまり良くない策：二番手の製品を売ってみる**

最高の商品と類似した二番手の商品を、顧客が受け入れてくれる場合もある。うまくいけば解決策になるが、たいていは失敗する。顧客は特定の商品が欲しいのであって、二番手では満足しない。その場合、顧客は競合他社に目を向けるだろう。

## 成功が成功を生む

ネッツでは、チケット完売に全精力を注いだ。

まず、人々が最も行きたいであろう試合、つまり、相手チームのスター選手が出る試合から始めた。簡単そうに聞こえるかもしれないが、そうではなかった。一番売りやすい試合を完売させるべく、全リソースとマンパワーを投下した。そうしなければ、完売は無理だったと思う。ところが、こうして完売を実現させる過程で、不思議なことが起こった。注力していない試合の観客動員数まで、一緒に伸びていったのだ。

「ネッツのチケットは売り切れる」という認識が地元ニュージャージーで広まるうちに、ファンがネッツ戦を観に行く行為が社会的に許容されるようになり、試合に行ったのがバレても、恥ずかしくなくなった。コメディアンのマルクス兄弟のヒゲ眼鏡で変装していくべきかとファンが悩まなくて良くなった。完売試合をつくれたという成功が、他試合の観客動員への種蒔きにもなり、観客動員が増えたのだ。

私たちは、行動原理のタトゥーを胸に彫っていたわけではない。行動原理は、私たちの人格の一部となり、存在の一部になっていた。リーグ全体の会議に出るときも、もうネッツの運営スタッフは、通用口からこそこそ出入りしなくていい。正面エントランスから胸を張って堂々と入れるようになったのだ。

第8章

# まとめテスト

①行動原理は2条からなる。それぞれを挙げよ。

A ＿＿＿＿＿＿＿＿＿＿＿＿＿＿＿＿＿＿＿＿

B ＿＿＿＿＿＿＿＿＿＿＿＿＿＿＿＿＿＿＿＿

②行動原理を活用すれば、重要な変化が少なくとも3つ起きる。それらを述べよ。

A ＿＿＿＿＿＿＿＿＿＿＿＿＿＿＿＿＿＿＿＿

B ＿＿＿＿＿＿＿＿＿＿＿＿＿＿＿＿＿＿＿＿

C ＿＿＿＿＿＿＿＿＿＿＿＿＿＿＿＿＿＿＿＿

③顧客が買いたいと望んでいる商品が欠品した場合、企業がとるべき最善の選択肢は何か？

# 第8章 テストの答え&解説

### ①の答えと解説

マーケティングの行動原理は以下の2つである。

「顧客が買いたい商品だけを売る」

「顧客が買いたいより、少しだけ多く売る」

### ②の答えと解説

A　売り上げの上昇。
B　顧客満足。
C　モチベーションの向上。

### ③の答えと解説

何としてでも、その商品を増産しよう。ビジネスで、最もクリエイティブな行為が2つあるならば、それは、「売れ筋商品をどうやって維持するか」と、「どうやって増産するか」の解を見つけることだ。顧客が買いたい商品が足りない、というのは幸せな悩みだ。とにかくクリエイティブになって、どうすればその商品をもっと製造できるか考えよう。

# 第9章

# 常に顧客のいる場の空気を感じる

# ある大企業トップがバス通勤である理由

もしあなたがゼネラル・モーターズの経営幹部なら、運転手付きの車で出社するところから1日が始まる。そして、会長室や社長室のある14階で朝食をとる。朝食にイチゴが食べたいと言えば、凍えるような1月でも、ボウルいっぱいの新鮮なイチゴが出てくる。

そこまで贅沢でないにしても、経営再建が必要な企業の重役が、こんなふうに甘やかされて毎日、仕事を始めている。運転手をつけずに自分で運転している場合も、屋根付きの役員専用駐車場を使っている。バスで通勤すればいいのに。

私の知り合いの、フォーチュン100常連企業の社長は、バス通勤をしていた。毎日だ。1970年代半ばにジレットの社長だったエド・ゲルストホープの話だ。ジレットの社長になれば、運転手付きの車が付与される決まりだった。それでもエドはバスで出社した。

「どうして？」と、私は尋ねた。

「うちの商売は、デオドラント剤やシャンプーだ。カミソリやペンをつくって稼いでいる。ふつうの人が買う商品だ。でも私は、年収を何十万ドルももらって運転手に送迎させている役員たちに一日中、囲まれている。経営者ばかりでなく、市井の人々の近くにいるべきなんだ。バスの中で、乗客とデオドラント剤やカミソリやシャンプーの話をするわけじゃないけれど、一般の人たち、つまり自社の顧客の話に耳を傾けたいんだ。彼らの歩く姿を、疲れている様子を、しっかり見ておかなきゃいけない」

## 「エド・ゲルストホープ・ルール」を徹底する

プロスポーツチームのオーナーや幹部になれば、アリーナで最高の席に座れる権力が手に入る。豪華なVIP席や特等席が用意されているだろう。あるいは、最前列だ。知り合いのプロスポーツチームの重役やオーナーたちは皆、そうした特等席に座っている。

でも私は、プロスポーツチームの幹部を務めていた20年間、「エド・ゲルストホープ・ルール」と名付けたルールを守っていた。基本的にはバスで移動した。アリーナでは最前列に座ったけれど、最前列といっても2階席の1列目、いわゆる「安い席」に陣取った。

安い席での観戦には、大きな利点がある。ファンの反応が手に取るようにわかるのだ。これが私にとって絶対的に重要だった。

安い窮屈な席にいると、ファンは何が好きで何を嫌がっているか、否応なしに見聞きすることになる。私がネッツで社長をやっていた当時、ファンはチームをたいして好きではなかった。たしかに見苦しい試合をしていたから、それは想定内だった。私が耳を傾け、注視していたのは、試合内容とは関係なく、観客がその夜をどうやって楽しんでいるのか、だった。

国歌斉唱のときに、盛り上げようと室内用の花火を打ち上げた際の観客の反応はどうだったか。タイムアウト中のふざけた演出は、ファンにちゃんと受けただろうか。安い席に座っていれば、ファンは「相撲対決」ショーを楽しんでいることも実感できる。これは、力士みたいな肉襦袢《にくじゅばん》を着た大学生インターンが2人、フロアで組み合い、ぶつかって、投げ飛ばすという出し物だった。くだらない出し物だが、ファンも（私も）大いに盛り上がった。試合自体は残念な内容だったので、相撲ショーが、その日の観戦のハイライトになった。

特等席にいては、こうしたファンの気分を汲み取ることは難しい。現場の感覚を掴みたいのなら、オーナー専用VIPルームなんて最悪だ。私もオーナー専用VIPシートに座ってみたことはある。居心地は最高だった。ホットドッグやコーラが欲しくなったら、椅子を立てば、ビュッフェのテーブルまでほんの2、3歩で行ける。もちろん食べ放題だ。こうした快適な設備は完備されていたが、VIPルームにいると、まるで繭の中で観戦しているような感じがした。そこには大きなガラス窓があり、うち2つは開閉可能だったけれど、窓を開けても観客の声は、よく聞こえなかった。

繭に閉じこもっていては、ファンがどんな観戦体験をしているかを感じられない。バスケットボールの試合中に大きな契約を取り付けたい場合には、VIPルームはうってつけの空間だ。でも、試合中のあれこれに対するファンの反応を知りたいのなら、VIPルームからは判断がつかない。チームや会社をジャンプスタートさせたいなら、そんな場所にいては、ほとんど不可能だ。

たとえば、こういうことだ。

**◎高級レストランでしか食事をしない人が、ファストフード・チェーンの業績を一気に改善できるだろうか？**

もちろん、売上の数字は見られる。でも〝実感〟できるだろうか。グループインタビューを見学することも可能だし、マンハッタン地区の電話帳みたいに分厚い調査報告書を出させることもできる。しかし、それで新作バーガーへの客の反応を感じ取れるだろうか。無理に決まっている。

**◎月々、車のローンの支払いをする必要もなく、社用車も走行距離８０００キロを超えたら新車と交換してもらえる人が、自動車販売代理店グループを短期間で建て直せるだろうか？**

データを見れば、販売台数はわかるし、誰がトップ営業マンなのかも一目瞭然だ。しかし、顧客の気持ちがわかるかと言えば、難しいはずだ。

**◎いつも助手が車のガソリンを満タンにしておいてくれるから、自分で給油したことがない人に、ガソリンスタンドの再建は可能だろうか？**

いくらデータに強くても、車の整備やオイル交換とは無縁の人間には、その仕事はできない。もちろん店舗ごとのガソリン販売量や整備台数といった数字はわかるだろうが、顧客が何を感じ、考えているかは実感できない。

**◎店舗の売り場を歩き回りもせず、社長室に閉じこもってばかりの人間が、小売店の業績を上げられるだろうか？**

一般的な顧客の感覚を汲み取れない人には、無理に決まっている。

## 現場を歩いて、顧客の生の空気を感じ取る

私がネッツの社長だった頃、年商約30億ドルの小売チェーンの社外取締役にならないか、という誘いを受けた。そこの社長が私を「スカウト」し、会長とのランチの席が設定された。

私を社外取締役に、と考えてくれただけでも光栄だったが、その事業規模にはいささか怖気づいた。なにしろ、プロスポーツチームの年商は5000万ドル前後で、30億ドルの小売チェーンとは規模が違う。

「いったいどうして、取締役会に私を入れたいんです?」とランチの席で会長に尋ねた。「ネッツなんて、御社のどの出入り業者よりも小さいですよ。私は小売業のキャリアもないですし……」

会長は即答した。

「うちのボードメンバーは財務肌ばかりだ。マーケティングが必要なんだよ。いわゆる小売業は未経験かもしれないが、わが社が求めているのは、既成概念にとらわれないマーケターだ。君は型破りな思考ができる」

社外取締役をやるのは楽しかった。でも、1年半で辞任した。ネッツを離れて、オレゴン州

ポートランドに戻ることになったからだ。

もちろん、引っ越した後でも、四半期に一度の会議には参加できただろうし、財務データも山ほど送ってもらえただろう。だが、その小売チェーンは東海岸で展開していたので、西海岸のポートランドに戻ったら、足繁く店舗に通ってフロアを歩き回るのは無理だ。その店でしょっちゅう買い物もできなくなる。

社外取締役在任中は、私は店舗フロアを歩き回っていた。自社の店舗はもちろん、競合店も、だ。最低週3回は現場に行った。

いわゆる小売業出身ではない私は、その感覚を掴む必要があった。そのための方法として唯一、私が知っていたのは、客のいる場所に実際に行くことだった。現場に行って、とにかく聞く。耳を澄まして、〝感じ取る〟のだ。

## ジャンプスタート・マーケティングはジャズだ

### ――トップが現場感覚を保つための6つの習慣

ジャンプスタート・マーケティングは科学ではない。むしろ芸術だと思う。それも、クラシックの交響曲ではなく、ジャズだ。交響曲では、オーケストラの全員が注意深く、それぞれの楽器の譜面どおりに演奏する。一方、ジャズの場合、もちろん方向性やルールはあるけれど、たいていは**フィーリング**で決まる。ジャズは即興が命だ。すべての音符が譜面に書いてあるわけではない。

ジャンプスタート・マーケティングもジャズと同じだ。そして、その**フィーリング**は、象牙の塔では得られない。

象牙の塔から抜け出すのは、なかなか大変だ。**いったん社内で高い地位まで上り詰めると、他の従業員たちは、ほとんど本能的に、あなたを象牙の塔に幽閉しようとする**ものだ。象牙の塔に閉じ込められないために、私が長年やってきた6つの習慣を紹介しておこう。

### ①自分で電話に出る

役員秘書やアシスタントには、電話の取り次ぎをさせなかった。私は以下のとおり、シンプルな電話応対ルールを自分で決めていた。

自分の席の電話が鳴ったら出る。席にいないときは電話に出ないが、留守電のメッセージに、「今は出られませんが、お名前と電話番号を残してくれれば、24時間以内に折り返します」と入れておき、実際そのとおりにした。

自分で電話に出れば、電話の取り次ぎの際に、話し相手を仕分けされずに済む。だから、**私と話したい人なら誰とでも話した**。ファンがかけてくることも多く、私が電話に出ると、ショックを受けていた。こんな感じだ。

「はい、ジョン・スポールストラです」

受話器を取って私は言う。

一瞬、沈黙。

「あの……ジョン・スポールストラさんご本人と話したいのですが……」

相手はしどろもどろになっている。どうやら、秘書か誰かが電話に出ると思っていたらしい。

「私がそのジョン・スポールストラです」

たとえ、何か文句を言いたくて電話してきたファンであっても、私が電話に出ると、一瞬で攻撃性は消えた。そこからは、たいへん建設的な対話ができた。

**②きついクレームをしっかり受け止める**

どの業界でも、顧客の約3％は、厄介なタイプ——従業員が嫌がる客——であるらしい。私はこれを**「3％の厄介要素」**と呼んでいる。

不愉快かもしれないが、この**「3％」は、実は貴重なマーケティングツール**なのだ。忌憚《きたん》なく率直な物言いで、自社の何がおかしいのか、どうすれば満足なのかを教えてくれる。残りの97％の顧客は、それをなかなか言ってくれない。不満があっても、黙ったまま顧客から離脱する。

ポートランド・トレイルブレイザーズでも、ニュージャージー・ネッツでも、スタッフが「3％」の顧客から暴言を吐かれた場合には、その電話を私につなぐよう指示していた。私としては、このマーケティングツールは見逃せないし、絶対にスルーしたくない。そこでの会話は、こんなふうに進む。

従業員　「3％様（当然、実際には顧客の本名が入る）、当社の社長とお話になりませんか？」

3％氏　「ああ、わかったよ。君は俺から逃げたいんだな。でも、おたくのお偉いさんが電話に出るわけないだろ」

従業員　「在席中かを確認しますね。いたら、電話をおつなぎします。不在の場合は、社長の留守番電話につながりまして、24時間以内に社長から折り返しご連絡いたします」

（私の電話が鳴る）

私　「はい、ジョン・スポールストラです」

3％氏「え、社長なの？　えっと……」

この頃にはもう、3％氏の毒素は尽きているものだ。従業員に不満をぶつけている間に、持っていた毒を吐き出していた。だから私に口撃が向くことはほぼなく、そこからは、ネッツを改善するために何ができるかの情報を得ることができた。

3％の人たちと対話するのは、象牙の塔から出て冷や水を浴びる行為に思えるが、ここから得られる情報は、実に貴重だ。3％の厄介要素にはいくら感謝しても足ることはない。

**③優先駐車場などの役員特権を持たない**

ネッツでは、役員の報酬は高いが、それ以外の特典は皆無だった。専用駐車場もない。チームの観戦チケットが欲しいなら、自腹で買うしかない。一応、社内割引はあるが、割引額に役職は関係ない。役員特権を浴びるように満喫できる状況では、役員は象牙の塔から出なくなる。きっちり高い報酬をもらえば十分で、役員特典をあれこれと従業員に見せびらかす必要はないはずだ。

**④顧客と近い状況をあえてつくる**

私の世界では、これは「試合で実働する」ことを指した。マーケティング担当者なら、大口の取引先のことは熟知しているだろう。私は、名もなき顔も知らない顧客のことも、深く理解したかった。何千、何万というファンが私たちの試合を観戦する。個々人について知るのは無理でも、彼らが何を好み、何を嫌うかを、頭の中でモザイク画のように描けるようになりたかった。

この脳内モザイク画をつくるべく、私は時折、**試合前に座席の案内係に交じって、入場口を通るファンに、シーズン日程表の冊子を無料配布していた**。それで何が得られたかというと、この12ページの無料冊子をファンが気に入っていることが実感できた。単なる広告チラシにもなりかねない冊子だが、手渡されたファンの約半数は、私に礼を言って喜んでくれた。この**無料冊子がファンにとても受けているのを実感できた**。この実感を、スポンサーへの年間シートの提案にも活かして、法人営業プロセスを改善することができた。

冊子の配布だけでなく、チケット売り場で観戦券も売ったし、売店でホットドッグをつくって客に手渡していたこともある。そうやっているうちに、名もなく顔もない顧客たちがモザイク画として、はっきり見えてくるのだ。

## ⑤自社製品を購入する

スポーツビジネスでは、これはホットドッグ売り場の列に並ぶことを意味する。自腹で安い席を取るだけでなく、私はいつも売店で飲食物を買っていた。他の観客と一緒に列をつくって待つ。ファンがどの程度、行列のせいで試合を見逃しているかを把握したかった。飲食物を買う際にファンがどんな対応を受けているかを見て、彼らと同じ物を食べたかった。

あなたは自社製品を購入しているだろうか。ボーイング社勤務の読者には、4000万ドルの航空機を買うのはちょっと厳しいかもしれない。でも、ほとんどの読者は自社製品を買えるはずだ。

自社製品は無料のケースや、大幅値引きがあるケースも多い。それでも、会社や事業部の業績を飛躍させたいと本気で思うなら、あえて自腹で買うべきだ。正規ルートで顧客になれば、顧客について、より深く学べるからだ。無料で自社商品をもらうより、商品を自分で買って知識を得たほうが、のちのキャリアでの見返りはずっと大きくなる。

## ⑥クレームを直に受ける

顧客の苦情をシャットアウトしている限り、象牙の塔から出ることはできない。ネッツでは、年間シートを買ったファン全員に「オーナーズ・マニュアル」という小冊子を送っていた。たった8ページの冊子だが、チケット紛失時の対応や、駐車場で車が故障した際の対処法など、来場の際に起こりうるトラブルへの解決策をまとめていた。

最初の2ページは、**私との1対1のコミュニケーションに充てた。**片側は、私からファンに宛てた手紙で、「観戦時に不満な点があれば、郵送かファックスで教えてほしい」という内容を書いた。もう片面は、投書用のフォームだ。そのフォームをファックスで送ると、私のデスクに直接届く。**そのすべてに私は目を通した。**問題や苦情を自分で解決したケースはほとんどなく、たいていは担当部署のスタッフにその仕事を割り振った。ネッツのスタッフは24時間以内に、私にCCでファンに返答する決まりになっていた。**24時間以内に解決できない場合には、予定期日を連絡するルール**だ。

この直通のフォームで連絡をくれるファンは、「3％の人」とは違うタイプだった。3％氏は自分から電話をかけてきて、存分に苦情を知らせてくれたが、**直通連絡先をつくった**ことで、ふつうのファンの声が私に届きやすくなった。**一般的なファンの意見は本当に貴重だった。**

こうした声は、カスタマーサービスの改善にも非常に役立ったが、何より、私を象牙の塔から連れ出してくれる点で大事だった。毎日、苦情を直に見ていれば、象牙の塔に籠ってはいられない。

## ファンと一緒にバスに乗って移動する真意

私がネッツのコンサルタントになった当初は、アリーナの駐車場は特に問題がなかった。アリーナの収容人数は2万人で、駐車場には1万5000人相当分のスペースがあった。当時の観客は6000～8000人に収まっていたので、いつ行っても絶好の場所に駐車ができた。

ネッツの観客数が増加するにつれて、駐車場問題が浮上し、アリーナ完売が続くようになると、それは大問題になった。観客のうち5000人は、近隣のジャイアンツ・スタジアムの駐車場を利用しなければならない。そこから延々と歩いて歩道橋を渡り、さらに歩いて、ようやくアリーナに着く。極寒の2月の夜にここを歩かされた観客は、もう二度と来るまいと思っただろう。

そこで、私たちは型破りなことをしようと決めた。バスを出せばいい。

駐車場収入は施設側に入っているのだが、その費用の一部をバスの運行に回す義務はない、と施設管理本部には突っぱねられた。

「バスを用意したいなら、ネッツの負担でやればいい。ブルース・スプリングスティーンがメドウランズ・アリーナでライブをやるときだって、観客はジャイアンツ・スタジアムに駐車しているが、文句は出ていないのだから」というのが施設側の弁だ。

でも、私たちは名門ジャイアンツでもなければ、スプリングスティーンのようなスターでもない。彼らのファンなら地獄を歩いてでも見に来てくれるだろうが、ネッツは違う。

バスの運行が始まったとき、誰がバスに乗ったと思う？　正解は、副社長のジム・ランパリエロと私だ。

私たちはジャイアンツ・スタジアムに駐車して、バスに乗った。ファンにとってどうかを確認したかったからだ。**実際に体験すれば、すぐわかる**。あれこれと改善点が見つかった。

象牙の塔に籠っていては、バスを運行して実際に乗るなんてことは起き得ない。まさに、**現場に出ることが大事**なのだ。

# 第9章 まとめテスト

①どの程度、象牙の塔に浸かっているかを自己診断してみよう。

A　自分宛の電話には積極的に出ている？
　はい／いいえ

B　顧客からの苦情電話に、積極的に出るようにしている？
　はい／いいえ

C　役員専用駐車場を、あえて使わないようにしている？
　はい／いいえ

D　一面識もない一般顧客のそばに行く努力をしている？
　はい／いいえ

E　自社製品を購入している？
　はい／いいえ

F　バスに乗るようにしている？　基本的に、どんな場所にもバスで行く？
　はい／いいえ

## 第9章 テストの答え&解説

### ①の答えと解説

　マーケターの友人たちとビールを飲んでいるときに、この小テストをしてもらった。1人が言った。

「ちょっと行き過ぎじゃないか？　何だかんだ言って俺たちは、いま君があきらめさせようとしているもののために頑張って働いてきたんだぜ」

「たとえば？」と私は尋ねた。

「秘書とか」

「秘書やアシスタントを廃止しろとは言ってないよ。専任じゃないけど、私にも長いこと秘書はいる。自分の電話で出るか、秘書が電話を取り次ぐかって話をしてるんだ」

「秘書に電話を仕分けしてもらわないと、仕事にならない」と、その友人は言った。

「本当に？」

　私は言った。「見ず知らずの人からそんなに電話がかかってくる？　電話を取り次いでもらう時間って無駄だよね。君の秘書が電話対応にかけている時間を考えてみなよ。その時間に他の仕事ができると思うよ」

　これについては自信がある。あなたが秘書やアシスタントに電話を取り次いでもらっているなら、試しに2週間だけでも自分の電話に出てみてほしい。

　そうすれば、以前より仕事も進むし、1回の電話の時間も短く抑えられるはずだ。アシスタントももっと他の仕事をする時間ができる。そういうわけで、私はフルタイムの専属秘書をつけたことがない。頼む仕事の量がそれほどないからだ。

「でも、怒った客の電話に出るってのは疑問だね」と別の友人が言った。「カスタマーサービス部門は、そのためにあるんでしょう」

この質問に答えるのは、ちょっと難しい。怒っている顧客と話をするのが好きな人なんて、世界のどこにもいないのだから。でも、私はこう言った。

「君は自社製品のことを完璧に知っているし、マーケティングの仕方も完璧にわかっているから、怒っている客と話す必要がないってことかな。カスタマーサービスの部署になろうとしなくていいんだ。ちょっとやってみるだけでいい。ときどき顧客のクレームに対応する習慣をつければ、マーケティング力が変わるはずだよ」

さらに、こう言う人もいた。「うちの会社の駐車場は割り当て制なんだ」

「従業員全員に？」と私は尋ねた。

「いや、まさか。役員だけだ」

「オフィスのそばでしょ？」

「そう」

「もし割り当ての場所に駐車しなかったらどうなる？　クビ？」

「まさか」

「じゃあ2週間くらい試してみてよ。歩くのは楽しいよ」

「絶対やったほうがいいよ」と別の友人は笑って言った。「一般社員用の駐車場から歩いて出社する間に、その日やるべきことを頭の中で整理できるから」

私は言った。「とにかく、試してみてよ。ちょっとした実験だと思ってさ」

「わかったよ、やってみる」と友人は言った。「でも自社製品を買うってのは、さすがに冗談だよな、ジョン。俺の会社は自動車メーカーだ。3カ月ごとに社用車が変わるんだ。自分で買ったら3万ドルもかかる」

「君の顧客はいくら払ってるの？　3万ドルでしょう。車を買って、ローンを毎月払って、オイル交換をして、凹んだフェンダーの修理をしてもらうのがどんな感じか、実感してみればいい」

「でも高すぎるよ」と友人は言った。

「お客にそれを払わせてるのに?」

自腹で車を買ってみるべきだ、とテーブルの全員が同意した。その友人のほかには、自動車メーカー勤務の人はいなかった。みんな自分で車を買い、自分で修理代を払っている。車の購入と維持については、車のマーケティングのプロである友人よりも、私たちのほうが詳しかった。

「ジョン、最後の問題なんだけど」と別の友人が言った。「私はバスに乗ってるよ」

「そうなの?」と私は驚いて言った。

「ハーツのゴールドカードを持ってるから、空港からレンタカー屋まで送迎バスで連れてってもらえるからね」

さて、あなたの小テストの結果をチェックしてみよう。

「はい」の数:コメント

6個:象牙の塔に一歩も踏み入れていないあなたは、ジャンプスタート・マーケティングの模範生だ。きっと成功できるだろう。

4~5個:象牙の塔に片足を突っ込んだ状態かもしれない。まだ軽症なので、その足を元の場所に戻してみよう。少しの努力で、象牙の塔を抜け出せるはずだ。

2~3個:象牙の塔に籠りたいのか、塔の外に出たいのか、あなたはどちらを目指しているのだろう。象牙の塔を目指しているなら、マーケティング力は低下する。それでも象牙の塔にいる価値はあるのか?「ある」と答えた人は、このテストには不合格だ。

1個:象牙の塔にどっぷり浸かっているあなたは、マーケティング力が劣化しているのではないだろうか。まずい状態だ。今すぐ塔から歩いて出るべきだ。さあ、外へと踏み出そう。

0個:あなたはマーケターではなくて、財務がご専門でしたっけ?

# 第10章

# 自社商品に興味がある人だけをターゲットにする

## ――セグメント・オブ・ワン・マーケティング

## マーケティング担当者を採用するときに重視すべき点

例の日本のリゾート島での滞在中、早朝に私のスイートルームの電話が鳴った。起きなきゃとは思ったが、どうせ招待してくれた日本企業の誰か宛ての間違い電話に違いない。だが、その電話の主は、米国の有名な舞台芸術センターの代表をしている友人だった。どうやったのかわからないが、彼は私を探して居場所を突き止めたのだ。もしも彼が舞台芸術の仕事を辞めて探偵に転職したら、逃亡中の人に同情したくなるほどの追跡能力である。

もごもごした声で、私は電話に出た。

「起こしたか？」

友人は言った。

「いや、どうせ電話があるんで、起きなきゃならなかったし」

友人は、私を探し出して、こんな早朝に電話したことを詫びた。実際には彼が思っていたよりさらに早い時間だったのだが、ちょっと意見を聞きたいのだと言う。舞台芸術センターでマーケティング担当の幹部職員を採用する予定で、候補者を3人まで絞ったとのことだ。

「君なら何を重視する？」

睡眠だな。今は睡眠を重視したい。さすがにそうは言えないので、もう少し感じのいい、まともな回答を考えようとして、沈黙が続いた。

「かなり気になる候補者がいてね」と友人が言う。「別の舞台芸術センターで、すごく美しいパンフレットや送付キットの制作実績がある人なんだ。今まで見た中で最高の品質だよ」

だいぶ頭が冴えてきた。

「それはどうでもいい話かも」と私は答えた。「もちろん、それも大事だが、**多額の制作費をかけてつくったパンフレットを、適切な相手に届ける方法をわかっているか、そっちのほうがもっと重要だ**」

電話の向こうで彼は黙っていた。

「私なら、**データベース・マーケティングを理解できているかを、各候補者に掘り下げて聞きたい**ところだね」

私は続けた。「だって、舞台芸術センターのパンフレット類って本当に金がかかるからね。客はたいてい高級志向だ。舞台に興味がない人にそのキットを送っても、1部4ドルくらいはかかる。舞台に興味がない3万人に送ったら12万ドルだ。**適切な相手に向けたセグメント・オブ・ワンのマーケティングができる人**を探すべきだ。私なら、各候補者が制作したパンフレットを見るときに、2つの質問をするだろうな」

「その2つって何だ？」

「4時間後にかけ直してくれたら、教えてあげるよ」

## 「セグメント・オブ・ワン・マーケティング」の2つの質問

その日の朝遅く、2杯目のコーヒーを片手に、私は2つの質問について友人に説明した。

**◎質問①「1ドルあたりの費用対効果は何ドル？」**

美しいパンフレットを見せられたら、**印刷部数**と**経費**について聞くこと。その上で、**「このパンフレット経由の売り上げは？」**と尋ねればいい。

もし候補者が答えられない、あるいは回答が曖昧《あいまい》である場合、2つ目の質問をする必要はない。候補者に礼を伝えて丁寧に対応して、ご退場いただくのみだ。

「費用対効果」とは、単純なものだ。ある施策（この例では、舞台芸術センターのパンフレット）の経費1ドルあたりの**直接売り上げ**を示した数字だ。効果測定ができないなら、そもそもパンフレットをつくる意味がない。パンフレット発送の目的は、チケットを売ることだろう。売り上げが目的なら、費用対効果が指標として最も正確だ。**「いくら使って、いくら稼いだのか」で効果を測ればいい**。

**答えの単位は「ドル」だ。「%」ではない**。

この指標で効果測定をするのが合理的だと私は思う。よくわからないパーセンテージの数字をいじくるのではなく、**経費に対する売り上げを、「金額（ドル）」で語るべき**だ。

**売り上げ／経費＝費用対効果**

何らかの形で商品への興味を示した層を対象に、パンフレットを送付した場合、その費用対効果は、たとえば次のようになる。

**30万ドル／3万5000ドル＝8・57ドル**

パンフレットの制作・発送経費1ドルあたり8・57ドルのリターンがある。これは悪くない数字だ。

時折、「ネッツのチケットカタログへの反響（レスポンス率）は何％か？」と聞かれることがあった。私の回答は「わからないが、とにかく費用対効果は10ドル」だ。カタログ制作・印刷・発送にかかった経費1ドルにつき、10ドルが売り上げとして戻ってくるわけだ。

レスポンス率を指標にしても、結局は意味を為さないことが多い。

たとえば、商品価格が低いほど、レスポンス率は高くなりやすい。だが、たとえレスポンス率が100％でも、商品価格が50セントなら、大赤字である。

なぜ大赤字になるのか説明しよう。DMの制作・印刷・発送の単価が70セントかかる場合、50セントの商品のレスポンス率が100％ならば、1受注あたり20セントの赤字になる。商品価格等は一切考慮していないのに、である。ここでの費用対効果は71セントで赤字となる。マーケティング経費1ドルに対して、71セントしか回収できていないのだ。

売り上げ（50セント）／経費（70セント）＝費用対効果（71セント）

いくらレスポンス率が超優秀（100％）でも、この状況で大量にDMを送ったら、一瞬で破産だ。

では、レスポンス率が低い場合はどうか。仮にレスポンス率を0・0001％にしてみよう。商品価格が100万ドルであれば、この悲惨なレスポンス率でも悪くないのかもしれない。100万人にDMを発送してレスポンス率が0・0001％であれば、100人に売れたことになる。その場合の費用対効果を見てみよう。

売り上げ1億ドル（売価100万ドル×受注件数100件）／経費（70万ドル）＝費用対効果（142・85ドル）

舞台芸術センターのマーケティング担当役員の候補者が、この単純な計算のやり方も知らないなら、その人は役職にふさわしくないと私は思う。そんな人を採用したら、何らかのロジックを駆使してダメな施策を連発し、大金を使うだろう。ピカピカの豪華なパンフレットをつくれば、芸術センターのイメージは良くなるだろうが、費用対効果を金額で語らずに延々と経費を使い続けるのは正気の沙汰ではない。団体はすぐに経営再建のためのジャンプスタート・マーケティングが必要になるだろう。

### ◎質問2「パンフレット発送に使った名簿はどのようなものか？」

この質問への回答は特に注意して聞くべきだ、と友人に伝えた。

「答えを聞けば、セグメント・オブ・ワン・マーケティングのやり方を知っているかがわかるはずだ」

「どういうこと？」と友人は尋ねた。

「パンフレット発送に使われたリストが、何かの形で舞台芸術に興味を示した人のリストであれば、正しいセグメント・オブ・ワン・マーケティングができる人だってこと」

ネッツの場合、チームやＮＢＡに関心のある人７万５０００人の名簿をつくった。この７万５０００人が〝ネッツにとっての〟重要顧客、セグメント・オブ・ワンだった。

そのリストに、年齢や収入といった人口統計上の共通項はない。何らかの形でネッツやＮＢＡに興味を示したことが、７万５０００人の共通項だった。そういう人の名簿を集めたのだ。

## セグメントのたった１つの基準

どういうことだろうか。

マーケティングでは、人口統計学上の分類が大事だと教わってきた。ニールセンのテレビ視聴率調査でも、「18～54歳」などと広い年齢層で分類している。それにしても、18～54歳とはおかしな話だ。18歳と54歳をひと括りにして考えられるわけがない。でも、マーケティングとはそういうものだとみんな習ってきた。人々を、共通の特徴で分類し（「やや当てはまる」も含める場合もある）、その層に向けて販売活動を行なう。

もうおわかりだろうが、私はまず、人々を1つのセグメントだけで分類する。その唯一のセグメントが、**「自社商品に興味があるか」**による分類だ。

企業が人口統計上の属性でリストを購入した場合、そのリストに載っている人が本当にその企業の商品に興味があるかはわからない。

**「リストの属性が自社の顧客の属性に近いから、リストの見込み客は自社商品に興味があるだろう」と考えるかもしれないが、それはDMを送ってみて初めて判明すること**だ。属性によるリストがとても有益だと〝信じ込んでいる〟企業は、この点に気づかず、経費を無限に使って販促活動を続けるかもしれない。だからこそ、唯一のルールが大事になるのだ。

# 唯一のルール――テスト、テスト、さらにテスト

友人の不動産業者は、即効薬を応用して使っていた。驚くほどシンプルな手法だった。友人や過去の取引先にグリーティング・カードを送るのだ。市販のふつうのカードではなく、手作りである。フルカラーのユーモラスなカードを受け取った友人たちは、彼がいつも「家の売り買いを検討中の人がいたら紹介してほしい」と言っていたことを、ふと思い出す。手作りのカードが、さりげなく相手の行動のきっかけをつくり、大量の紹介を生み出したのである。

このカードがとても効果的だったので、どの不動産業者にもこの手法は有効だろうと友人は考えた。「全米の不動産業者はグリーティング・カードをつくるべきだ」と友人は言った。私は同意した。

「カードはとても良い販促手法だから、私はパンフレットをつくって、全米の不動産業者に送ろうと思う」と彼は言った。それには私は反対した。

「まずはテストをすべきだ」と彼には伝えた。リストを1000人分だけ買って、まずは試してみなよ、と。

「でも、全米には70万も不動産業者がいるんだよ。なぜ1000人だけに試す?」

彼はこのプロジェクトのための資金集めに奔走した。それでも全国実施には資金が足りなかったので、西部13州の不動産業者にパンフレットを送付し、注文を受けた。だが、経費をまかなえるほどは受注できなかった。彼はもう、正気を失いかけていた。

一瞬だけ正気を取り戻したのか、ある夜、友人は私の家にやってきた。私はパンフレットづくりを手伝った。**2バージョンをつくってみた。1つは、驚くような返金保証付きのもの**で、もう一方は**通常の保証内容のもの**だった。各バージョンを不動産業者1000人ずつにテストするよう勧めた。

「君の商品が売るに値するかどうか、残りの人にどうアプローチすべきか、1000人の不動産業者が教えてくれるはずだ」と私は言った。「1000人分のリストはたった500ドルだ。正気を失うような額じゃない」

大幅な返品保証がついたバージョンには、満塁ホームラン級の反響があった。売り上げは約7500ドル。費用対効果で言うと、1ドルあたりの効果は15ドルとなった。これだけ効果があれば、友人はパンフレットの送付を継続してよさそうだ。

## 見るべきは、自社商品への関心度合い

リストの中から自社商品に興味を持っている人を探し出すには、かなりの費用がかかる。だが、いったんその情報が手に入れば、それがセグメント・オブ・ワンを構成する基礎リストとなる。さらに、それをサブセグメントに分割することも可能だ。

ニュージャージー・ネッツでは、7万5000人のリストを作成し、サブセグメントとして、購入者／非購入者の分類を設定した。購入者というのは、年間シートや、試合数が少なめの観戦券セット、グループ観戦券、1試合観戦券などを実際に購入した人たちである。一方の非購入者とは、ネッツのコンテストに応募してきた人、シーズン日程表の冊子を電話で請求してきた人、選手にファンレターをくれた子どもなどだ。

サブセグメントである購入者／非購入者には、共通点がある。ネッツに興味を示したことだ。年齢や所得など人口統計上の分類項目は、私たちのセグメントには関係なかった。見るべきセグメントは、自社商品への関心の度合いなのだ。関心の高低を示す指標としては、チケット購入枚数を見ればいい。

# 友達に話すようにアプローチする

自社商品を好きだと言ってくれている人と、あなたには共通点がある。**どちらも、その商品が好き**、という点だ。それだけで友情を築くには十分だ。その見込み顧客と本当に友達なら、友達のように接して、友達に話すときの話し方をすべきだ。

私は、ロサンゼルス・クリッパーズに対して、これを推奨した。ニュージャージー・ネッツを退任した後、クリッパーズがコンサルティングを依頼してきた。試合でのクリッパーズの惨状は、ネッツと双璧を成していた。興行面では、かつてのネッツの〝定位置〟を奪取し、観客収入でNBA最下位につけていた。以前のネッツのように、興行収入最下位を何年も独走するポテンシャルは十分だった。

クリッパーズでまず手をつけた仕事は、**失ったファンを取り戻す**ことだった。クリッパーズは、観客動員数の増加を目指して、ホームゲームのうち8試合をアナハイムで実施していた。アナハイムからクリッパーズの本拠地までは、ほんの40キロメートルほどの距離だが、ロサンゼルス地区は通勤渋滞がひどすぎて、移動時間だけを見たら、時差が発生する距離かと思うほどだ。アナハイムの住民にとってLAのアリーナに行くのは、気分的には、ノースダコタ州まで旅に出るのと、さして変わらなかった。

アナハイムでの主催試合は、初年度は人気だった。事実、8試合はすべて完売した。シーズン開始前にチケットを買ってくれたファンがたくさんいた。通常の全41試合の年間シートではなく、アナハイム限定の8試合のパッケージがよく売れた。

こうした新しいファンにとって、クリッパーズの第一印象はいただけないものだった。初戦からの7試合中、6試合を大差で落としたのだ。

アナハイムでの最終戦で、ようやく現地2勝目を挙げたが、翌シーズンのチケット更新率は30％と、絶句するほど低調だった。

チームは会員更新時に、カラフルで美しいパンフレットを送付し、新シーズンのチームは強くて魅力的だと宣伝していた。そういう美しいＤＭを数回送付していたチームに対して、私は、「友人への手紙のように、率直な手紙を書けばいい」と勧めた。華美なパンフレットのことは忘れてしまえ。誇大広告はやめよう。感じの良い、フレンドリーな手紙を書けばいいんだ。たとえばこんなふうに。

カリフォルニア州タスティン
オレンジ・ストリート121

XYZ社社長
かつてファンでいてくれたジョー様

親愛なるジョー

私がしくじったことについて、挽回のチャンスをくれないか。

知ってのとおり、昨季のアナハイムでは、初戦からいいところを君に見せようと思っていたんだけど、全然、そうはいかなかった。

せっかく8試合セットを買ってくれたのに、2戦しか勝てなかった。

でも、今季はだいぶマシな、見ていて楽しいチームになっている。アナハイムでの試合も絶対に楽しんでもらえると君に保証するよ。口先だけじゃない。有言実行で、本当に金を賭ける。

今回は、アナハイムでの観戦チケット5試合セットを用意した。絶対に楽しめるはずだ。

もし、5試合セットの初戦が気に入らなかった場合、残り4試合分のチケットを返品すれば、購入金額の100％を君に返金する。観戦済みの試合も含めた全5試合の代金が、払い戻しの対象だ。

試合の勝敗とは関係なく、君が楽しめたかを主観で判断してくれれば、私はそれに従う。君次第だ。たとえ、私の髪型にムカついたから楽しめなかったという理由でも、ちゃんと返金する。

この5試合セットを購入してくれた場合のすばらしい特典も用意しておいた。（次のページに特典が列挙されている）

ぜひともよろしく。

LAクリッパーズ
副社長
アンディ・ローザ

この文面なら、クリッパーズの副社長アンディが、友人であるXYZ社社長のジョーに書いた手紙のような印象になる。この手紙は、クリッパーズの観戦券セットを継続購入しなかったアナハイムのファン3500人に送られたのだが、**一通一通が、まるで1人の相手に向けた手紙のように感じられる内容**だった。これぞまさに、**セグメント・オブ・ワン・マーケティングの見本**だ。

豪華なパンフレットよりもこの手紙が信用できるのは、アンディが手紙の冒頭で、自分たちの成績は最低だったと認めているからだ。たいていのチームは、ひどい戦績を認めたがらないものだが、さすがに、昨年のアナハイムでの主催試合のチケット購入者に対しては、事実を隠《いん》蔽《ぺい》しようがない。「どうせバレているなら、最初に言ってしまえ」というわけだ。そのほうが信頼してもらえる。**友人に手紙を書くときの要領**だ。この手紙への反響は、豪華パンフレットよりもずっと良かった。

第3章で、ある自動車ディーラーが、2年半前に同店で車を購入した顧客にDMを送る事例を紹介した。ふつう、ディーラーが送る手紙といえば、点検の時期を知らせるハガキだろう。しかし、友人とのやりとりでそんなハガキを送るわけがない。ディーラーが〝友人〟に手紙を送るとすれば、以下のような文面のほうがずっと効果的だ。

親愛なるジョン

このタイミングで手紙を書くのは違うとわかっている。君は2年半前に、私から車を買ってくれたところで、まだ新しい車を買う気にはなっていないだろうから。

でも、今回のファストカーには他にない特徴がある。それを君も知りたいんじゃないかな、と思って連絡したんだ。新型のファストカーには、君が好きそうな特徴が3つある。(ディーラーは簡潔に利点を列挙し、ファストカーの試乗に誘う。それぞれの手紙にディーラーは署名すること)

## 購入者に対しては、友人のようにアフターセールス

ちょっと前に、私は「タイム」誌の過去記事が全部入ったCD－ROMを買った。他の雑誌のデジタル・アーカイブと同様、登録用のハガキがついていた。オンラインでの登録もできた。歴代の「タイム」誌のバックナンバーをザッピングするのは実に楽しかった。表紙を眺めたり、記事を検索したり、指を動かすだけで何十年もの歴史を自由に行き来できた。本当に楽しかったのだが、残念な点が1つだけあった。「タイム」の出版社から手紙が来なかったのだ。デジタル版の「タイム」に登録した数日後、出版社から私に手紙が届くべきだった。私たちには、「タイム」の過去号を好き放題に読みふけっている仲間として、共通点があるはずだ。出版社からの手紙はこんな感じになるだろうか。

親愛なるジョン

「タイム」誌のCD－ROMを楽しんでくれていたらうれしい（私も熱中している）。

このプログラムのおもしろいポイントをいくつか紹介しておこう。

・（うまい使い方、1点目）
・（うまい使い方、2点目）

ところで、君が毎週「タイム」の最新号も読んでくれているかな、と思ってチェックしたんだけど、うちのデータには君が見当たらなかった。

そこで、特別な提案をしたい。過去の「タイム」を全号持っているのだから、未来の「タイム」も全部手に入れたらどうだろう。

（購入特典など、内容を説明する）

よろしく。

「タイム」発行人より

この文面なら、出版社の人が私の友人みたいに見えるだろう。ところで、「タイム」誌の定期購読のＤＭ施策は、一般的なリストと、「タイム」ＣＤ—ＲＯＭ版の購入者リスト、どちらの反応率が良いだろうか。答えはあえて言わないでおくが、友人宛の手紙を書ける相手のリストを使うべきに決まっている、とあなたは思ったはずだ。

## 第10章　まとめテスト

①（空欄を埋めよ）「費用対効果」とは何か？

(　　)／(　　)＝（費用対効果）

②セグメント・オブ・ワンとは何のことか？

③同じセグメントに属する人に、あなたならどのように声をかけるか？

A：膨大なリストの中の１つの数字として

B：友人として

C：他の人と同じように

# 第10章 テストの答え&解説

**①の答えと解説**

（売り上げ）／（経費）＝（費用対効果）

**②の答えと解説**

自社の商品に興味を示してくれた人。

現在の購入者や、資料請求者や、懸賞応募者などが該当する。

ただし、懸賞応募者の中には、騙してくる人もいる。

例を挙げよう。あなたが事務用品のチェーン店を経営しているとしよう。新聞紙上で懸賞を実施する場合に、懸賞の賞金を1億ドル（すごく儲かっているチェーンなのだ）に設定したならば、あなたの会社や店にはまったく興味のない人が大量に応募してくるだろう。単に1億ドルが欲しい人だ。

一方で、高価なカラーコピー機を賞品にした場合、応募者の名簿は、おそらく、自社のセグメント・オブ・ワンだと考えてよさそうだ。自社商品のカラーコピー機に興味を示した人たちのリストが入手できる。

**③の答えと解説**

Ⓑ友人として

私が企業に対して「友人ですよ」と何らかの態度で示しているのに、その企業は私のことを他人扱いして、よそよそしいコミュニケーションをとるのには、毎度驚かされる。

テクノロジーも発達した現代、友人とのコミュニケーションは、かつてないほど簡単にできるようになった。それなのに、なぜプロスポーツ業界では、「年間シートの更新案内レター！の文面を「年間シート購入者各位」で始めるのだろうか。友達に、そんな挨拶はないだろう。

顧客宛のレターの大半は、会計士が書いたのかと思わせるような文面ばかりだ。どうかと思う。私の会計士でさえ、個人宛に連絡をくれるときには、会計士っぽい文章は使わず、友人のように書くというのに。

# 第11章

# リサーチに
# 騙されちゃいけない

# チーム名改称の検討で学んだ「名言」

ニュージャージー・ネッツのチーム名をスワンプドラゴンズに改称しようとした件では、NBAのコミッティーの承認が必要だった。コミッティーのメンバーは強力なオーナー陣だ。ここで承認されれば、それ以外のチームによる投票も「右へ倣え」の結果になると聞いていた。事実、コミッティーの意向を翻す投票結果になったことは一度もなかった。

コミッティーの委員長は、フェニックス・サンズの社長兼マネジング・パートナーのジェリー・コランジェロだった。スワンプドラゴンズへの改名について私が起案したのだが、コランジェロは、この荒唐無稽《こうとうむけい》なアイデアに気が進まないようだった。

「この件で調査はしたのか？」とコランジェロが尋ねた。「ファンへのアンケート結果は？グループインタビューは？」

私はコランジェロのことを尊敬している。シカゴ・ブルズの宣伝責任者だった彼は、フェニックスに移って約25年で、サンズを含むスポーツ帝国をアリゾナの砂漠に築き上げた。サンズを経営する傍ら、彼はメジャーリーグの拡張チームを買収する投資家をまとめ、ウィニペグ・ジェッツをアメリカ・ウェスト・アリーナでプレーするよう誘致した。帝国を築く際には、コランジェロは自身のやりたい案を補強すべく、大量の調査を実施したのだろう。そんな彼を尊敬してはいるが、「名称変更のために調査がいる」という考えは、尊敬できなかった。

「いいえ」と私は答えた。

コランジェロが驚いているのがわかった。

私は「そのタイプの調査を信用していないので」と付け加えた。

「どういうことか説明できるかね？」

「はい。まだ起きていないことについて、調査はあまり有効だと思えません。人々はまだ経験していないのだから、ふつう、否定的な反応を示します。調査は、すでに起こったことへの反応を確認するには有効ですが、未来の事象については役に立ちません。未来のことについて調べたければ、自分が尊敬する人たちを説得して、実行してみて、ようやく確認できるのです」

コランジェロは無言のままだった。

そこで、私は次の例を挙げた。

「ディズニーがアイスホッケーに新規参入した際、映画にちなんでチーム名をマイティダックスにしました。メディアもファンも非難ごうごうでしたよね」

そう言って、私はロサンゼルスの新聞記事をいくつか取り出した。ディズニーを揶揄《やゆ》した記事を読み上げようとすると、別のオーナーが口を開いた。デトロイト・ピストンズのオーナー、ビル・デビッドソンだった。

「ジョンの言うとおりだ。私たちも新アリーナ名を『パレス』にしたとき、メディアもファンも憤慨していた。そんな名前は恥ずかしいってね。もしファン投票で決めていたら、『デトロイト・ピストン・アリーナ』とかになっていただろう」

私はデビッドソンの発言に驚いた。「パレス」はすばらしいアリーナ名だとずっと思っていたのだ。当時のメディアが否定的だったなんて知らなかった。

ロサンゼルス・レイカーズのオーナー、ジェリー・バスも続いた。

「おそらくメディアは新名称をしばらく嫌うだろうが、ファンはスワンプドラゴンズのライセンス商品を買いまくるだろうね。すごくいい案だ。うちのチームもやれたらいいのに、と思うほどだね」

ピストンズのオーナーが再び口を開いた。

「これはファン投票で決めるには、あまりに重大な案件だ。ジョンの言うとおり、まだ誰も経験していないんだから。『パレス』と命名したときと同じで、実際に改名するまでは、ファンには伝わらないんだ。調査に騙《だま》されちゃいけない」

「調査に騙されちゃいけない」だって。

これは名言だ。

そこで私は、商品マーケティングに役立つ調査のガイドラインを自分なりに考えた。大手調査会社にとってはうれしくないだろう。この調査は無料だからだ。安いのはいいことだが、無料ならもっといいに決まっている。

## 顧客リサーチが役立つケース

私は日曜夜のスポーツイベントが嫌いだ。多くの人は私と同様、日曜の夜は家で過ごしたいだろう。

私がポートランド・トレイルブレイザーズにいた頃、ホームゲームの約4割は日曜の夜に行なわれていた。つまり、ホームゲームの4割は、私が観に行きたくない試合なのだ。同じことにファンも気づいてしまえば、完売試合の連続記録も途切れかねない。

とはいえ、NBAは日曜の夜興行を減らしてくれなかった。そこで、ちょっとした調査の出番である。

日曜にナイトゲームが多いことが決まっている以上、どうすればマシになるのかを考えよう。一般の観客には意見を尋ねなかった。年間シート購入者だけを対象に調査をしたのだ。継続会員に請求書を送る際に、以下のアンケートをつけておいた。

「日曜のナイトゲームは何時開始がいいと思いますか？」（1つ選択してください）

午後4時
午後5時
午後6時
午後7時
午後7時30分

通常のナイトゲームは午後7時30分開始だが、日曜の夜については、75%以上のファンが午後5時開始を希望した。午後5時スタートなら、ファンは午後7時半頃には家に帰れる。すぐさま、日曜の開始時間を午後5時に変更した。自信を持って、毅然《きぜん》と変えることができた。

こういう状況なら、調査は役に立つ。商品や顧客体験に関する特定の点について、現在の顧客に調査をかける場合だ。このタイプの調査の美点は、無料で実施可能なことだ。郵送費も不要だった。コンパクトな調査票を、年間シートの更新レターに入れ込んでおいたからだ。

## リサーチに意思決定を委ねるリスク

日本では多くのことが合議制で決まる。合議制の最も優れた点は、物事が計画どおりに進まなかった場合に、個人が誰も責められない点だ。米国ではこの方式を取り入れて、さらに発展させた。多くの企業、特に巨大企業では、合議の代わりに調査に意思決定を委ねている。

調査に意思決定を委ねた典型的なケースがコカ・コーラだ。よく知られた話だが、コカ・コーラは、競合のペプシに若年層のシェアを奪われていることに危機感を持っていた。

コカ・コーラは、ペプシが若者に受けている理由は、マーケティングではなく、商品の製法のせいだと考えた。そこでコカ・コーラの配合を変える決定をした。コーラをより甘くすれば、若者の味覚に訴えられると考えたのだ。同社は数百万ドルを費やして調査を行ない、何万回もブラインド・テストを繰り返した。「AとB、2つのカップを飲み比べてみて、どちらが好きですか？」というやつだ。

どの調査を見ても、消費者は新しいコカ・コーラの味を好むという結果だった。しかし、調査自体が間違っていた。たしかに、ブラインド・テストで試飲した人は「カップB」よりも「カップA」を好きだとは答えた。でも、カップA、Bの中身がそれぞれ何かを知った途端、被験者は「昔のコーラのほうが好きだ、新しいのより古いのがいい」とはっきり言ったのだ。

商品リニューアル後、全世界のコーク愛飲者は激怒し、コカ・コーラ社は迅速に対応した。オリジナル製法の商品を復活させて、「クラシック・コーク」と名付けた。ふさわしいネーミングではある。**調査に惑わされた失敗の典型例**《クラシック》となったからだ。

## 調査に惑わされてはいけない

コカ・コーラが試飲調査をしている間、果たして同社の会長はスーパーマーケットに出向いて、人々がソフトドリンクを選ぶのを間近で見ていただろうか。とりあえずここでは、会長が実際に見ていたとしておこう。

彼が探すべきは、ペプシや他の競合商品の特別価格キャンペーンを素通りして、コカ・コーラの陳列棚へとミサイルのように一直線に進んでいる消費者だ。そういう人がコカ・コーラの6本パックをいくつか手にとって、買い物かごに入れているのを見たとしよう。

「すみません」。コカ・コーラの会長は自社のコーラを買おうとしている客に話しかける。

「いま、調査をしているのですが、ペプシ6本パック1つに1ドルつけるので、そのコーク6本パックと交換してもらえませんか」

当然、買い物客は驚くだろう。会長は申し出を言い直す羽目になるかもしれない。

「結構です、コークがいいので」と、客はいう。

「じゃあ、コーク6本パック1つにつき、ペプシの6本パックを2つと交換では？」

「結構です」

「じゃあ、コークの6本パック1つにつきペプシの6本パックを3つあげますから」

会長はメモを取る必要もない。コカ・コーラを買ってくれる顧客の顔からすべてが読み取れるはずだ。買い物客たちの顔はモザイク画となって、会長の頭の中に一生残ることだろう。

なぜ、コカ・コーラの会長がこれをやっておくべきだったのか。大手調査会社に委託すればいい話ではないのだ。コーラの製法を変えるという決定は、何億ドルも動く大きな判断で、組織の末端で決められるものではない。会長室で決定されたのだ。会長がちょっと無料で調査をしておけば、何十万回もの試飲よりもずっと意味のある知見が得られていただろう。

ペプシと戦うには、もっといい方法があったはずだ。コカ・コーラには圧倒的なマーケティング力がある。流通チャネルも他の追随を許さない。その体力と流通力があれば、ペプシ愛飲家をダイレクトに狙った新商品をつくることもできたはずだ。それでも結局、調査費を垂れ流すんだろうけどね。「このカップを飲んでみて、次はそのカップを飲んでみて。どちらが好きですか？」と。

## リサーチが使える分野

調査が役に立つのは、顧客の経験や意見を測りたい場合だ。

日曜のナイトゲームの開始時間をブレイザーズが調査した際には、回答者は年間シート購入者なので、彼らはみんな試合に来た経験があった。対象者のほとんどは、毎年たくさんの試合を観に来ていた。開始時間についてよく知っている。選択肢の開始時間のそれぞれが、自分たちにとって何を意味するか、イメージできていた。だから彼らの意見は有効だった。投票では午後5時開始が圧倒的に支持された。もし投票結果が僅差だったら、ネッツは試合開始時間を変更しなかっただろう。

同じ質問を、ブレイザーズ観戦経験のない人に尋ねるのは、調査として不適切だ。たとえば、「日曜の夜にブレイザーズの試合を観に行く場合、何時開始だとうれしいですか？」という質問に対して、試合に行ったこともない人が、妥当な意見を言えるわけがない。

ここまで読んで、「著者は調査が好きではないのだな」と思ったことだろう。たしかにそれは図星だが、不正解でもある。以下の2分野については、私は調査の大ファンなのだ。

## ①相手を説得するために調査を利用する

あなたが説得しようとしている相手は、調査がないと意思決定をできない場合もある。

これも調査の一種ではあるが、むしろマーケティングツールだと考えたほうがいい。こういう場合は、お金を使うしかない。顧客が商品をどう感じているか、あなたなりの「モザイク画」をいくら構築しても役には立たない。**外部の調査会社を使って信頼性を買う**べきだ。

説得のツールとして調査が役立つのは、以下のような場合だ。

**◎融資を受ける**……企業が銀行から融資を受ける場合には、自社が低リスクであることを証明する必要がある。外部の調査を使って信頼性を示せば、融資が受けやすくなる。

**◎投資を募る**……おそらくジェリー・コランジェロは、NBAやNHLチームの誘致がフェニックスの地域経済への優れた投資になると示すべく、大量の調査を活用したはずだ。

**◎商品を売る**……ラジオ局やテレビ局が好例だ。各メディアは、広告主にとって最良の視聴者層を抱えていると広告代理店にアピールするために、視聴率調査を行なっている。

相手を説得したい場合には、調査を活用して信頼性を高めればいい。調査費用はかかるのだが、私はそのコストはマーケティング費だと考えており、この場合、「安いのは良いことだが、無料ならもっと良い」とはならない。

**②研究開発（R&D）**

私は研究開発（R&D）が大好きだ。これは、新商品の開発や、既存商品の改良にリソースを割くことを指すのだが、「研究開発」という名称には、ちょっと高尚な印象がある。ビン底眼鏡で白衣を着た科学者のイメージだ。

でも、企業が常時、新商品開発と既存商品の改良に時間とお金を費やすというのは、ジャンプスタート・マーケティングに不可欠な思想だ。どうせなら、この部門を「楽しみ&ゲーム」部門と呼びたいところだ。それは軽薄すぎると思う人は多いだろう。保険会社や石油精製会社の重役の肩書きが「楽しみ&ゲーム担当執行役員」では、あまりに重厚感に欠けている。でも、研究開発から神秘性をすべて削ぎ落とした本質は、楽しむこととゲームなのだ。

子どもの頃、新しいパズルをやるのは楽しかった。大人だって、新商品開発や既存商品の改良は楽しい。これが「楽しみ&ゲーム」部門の「楽しみ」であり、「ゲーム」とは、新商品のポジショニングのことだ。

会社の規模が小さいから、「楽しみ&ゲーム部門」（あるいは研究開発部門）にお金と時間をかけられない、と考える人もいるだろうが、小さすぎる会社などない。独りで会社をやっているなら、部門はつくれなくとも、頭脳の一部を新製品開発や既存商品改良に割り当てるべきだ。

## 調査があなたを騙すとき

調査に騙されるリスクは常に存在する。

特に重大な意思決定を迫られているときに、騙されるリスクが高まる。重大な意思決定の場面というのは、何かについて説得を受け入れることでもあるため、信頼性を高めるために大手の専門調査会社が雇われ、大金が費やされることも多い。無料の調査より、こうした膨大な調査報告書のほうが信用されやすいのは理解できる。

それでも、高額の調査費を使い切ったら、最終判断を下す前に、無料調査をやっておきたい。無料調査とは、顧客のところへ行って1対1で話すことだ。顧客と十分に話をすれば、彼らの感じていることを示すモザイク画がはっきり見えてくる。この調査があなたを騙すことはない。

## 第11章 まとめテスト

①調査が役に立つ分野を2つ挙げよ。

A ________________________________

B ________________________________

②あなたの会社で「楽しみ＆ゲーム」部門はどの程度重要か？

A 非常に重要

B 重要

C あまり重要ではない

D 存在しない

# 第11章 テストの答え&解説

**①の答えと解説**

A　相手を説得するために調査を利用する
B　研究開発

**②の答えと解説**

ジャンプスタート・マーケティングを推進したいなら、答えはAであるべきだ。新商品開発や既存商品の改良は、絶対不可欠である。

プロスポーツの世界では、各チームに研究開発部門があると言える。編成部門がそれに該当し、通常はGMが編成責任者を務めている。GMは、ドラフト、トレード、コーチ人事などを通じて、チーム（商品）を改良する責任を負っている。

一方で、観戦券の斬新なパッケージや、スポンサーシップの新形態など、スポーツの興行面での研究開発に関しては、その部門を持っているプロチームは、私が知る限り、ポートランド・トレイルブレイザーズとニュージャージー・ネッツの2つだけだ。

この2チームは、どこよりも画期的なマーケティングの新商品を生み出してきた。これは単なる運や偶然ではない。新製品開発と既存製品の改良こそが、遊び&ゲーム部門の存在意義なのだ。

遊び&ゲーム部門は、実態としては、そんなに大きな部署ではなかった。どちらの場合も、専任は1人だけで、あとは他部署のメンバーが一時的に兼務してくれていた。

# 第12章

# クライアントを正真正銘のヒーローにする

# 一人のファンからの要望

私がプロスポーツ界にいるのが好きな理由は、そこに何の意味もないからだ。スポーツは、どこぞの企業のように川や野原や空を汚染しない。物理的にものを造るわけでもない。若者にとんでもない大金を払って、人前で競技をさせているだけだ。

もちろん、プロスポーツで働くことには良い面もある。プロスポーツは、人々が世知辛い世の中を生きるうえでの息抜きになる。映画やコンサートなど他の娯楽にも癒しの効果はあるが、プロスポーツは、ファンの日常にずっと寄り添ってくれる。

映画やコンサートは数時間で終わり、ずっと感情が入り込むことはない。一方、プロスポーツなら、一年中、気持ちが入りっぱなしでいられる。7カ月ほどのシーズンが終わっても、オフシーズンのあれこれが待っている。ファンは1年まるまる12カ月間、贔屓のチームに心を奪われたまま過ごせる。そのまま何年も、何十年も、ファンとして生きていける。

そんなに入れ込むのは良くないと言う人もあろう。当然だが、贔屓のチームを仕事や家庭より優先するのは、やりすぎだ。もはやファンというより、狂信者《フリーク》である。

それ以外のほとんどのファンにとって、スポーツチームは、毎日、少しの時間だけ逃避していられる精神的な居場所になってくれる。時には、心の居場所を来世まで持っていこうとするファンも現れる。

1980年代初頭、ポートランド・トレイルブレイザーズで私のマーケティング・アシスタントをしていたスー・ミラーが、そんなファンからの風変わりな依頼を受けて、デスクにやってきた。「ある女性からの電話で、『ブレイザーズの曲』のテープはどこで買えるか教えてほしいとのことで」

スーの言う「ブレイザーズの曲」とは、ラジオ中継のオープニング音楽のことだった。この音楽は、半ばオリジナルだった。数年前、ブレイザーズにふさわしい曲を探そうと、私たちはスタジオに出向いて、ライブラリーにあるインストゥルメンタルを何百曲も試聴した。1曲を選ぶのではなく、6、7曲をピックアップして、各曲の気に入った箇所だけを集めて再編し、独自のサウンドをつくり上げた。ある曲からはドラムロールを、別の曲からはトランペットを、次の曲からはスティールギターを、という具合だ。細かい編集作業の甲斐あって、「ブレイザーズの曲」の仕上がりは最高だった。このサウンドに合わせて、アナウンサーがナレーションを読み上げる。「これぞ、ポートランド・トレイルブレイザーズのバスケットボール」と。

「ブレイザーズの曲は市販されていないと伝えたんですが、なかなかわかってくれなくて、ほとんどパニックになってしまいまして」とスーは言った。

その女性はスーに、どうしてもその日にブレイザーズの曲が必要な理由を語った。彼女は夫を亡くしたばかりで、「埋葬されるときにはブレイザーズの曲をかけてほしい」というのが彼の最後の願いだったという。

「スタジオに電話したんですが、チーフ・エンジニアが休暇中で、オリジナル曲を保管庫から出せる人がいないんです。使えるのは、本番用のビルボードが全部入ったバージョンだけです」（ビルボードとは、スポーツ中継の冒頭で流れるスポンサー企業名のナレーションを指す）

「その人は、それで大丈夫？」と私は尋ねた。

「はい」

スーが言った。

「とにかく欲しい、ということですので」

「わかった、彼女にコピーを渡してくれ」

スーはテープを届け、私たちは花を贈った。

翌日、そのブレイザーズ・ファンは埋葬された。墓前で、女性はテープレコーダーのスタートボタンを押した。ドラムロールが轟《とどろ》き、過去試合のハイライト実況の声が響く。

「トンプソンがリバウンドをバレンティンにパス！　ディフェンスをくぐり抜けて爆走だ！　ウイングのケニー・カーにつないで、ダンクが決まった！　ブレイザーズ、追加点！」

そこで音楽のボリュームが下がり、アナウンサーがビルボードを読み上げる。

「これぞ、ポートランド・トレイルブレイザーズのバスケットボール。ブレイザーズのバスケットボールは、『ノーと言える男』のバドワイザー、『アメリカの原動力』シボレー、そしてセイフウェイの提供でお届けします」

結局、人生の最期にまで、我々はスポンサー企業の宣伝をしていたわけだ。

「スポンサー契約で、君の提案にサインをしたせいで」と、オレゴン州発祥のスーパーマーケット、セイフウェイの広告責任者、アル・ニーシュは言った。

「俺はクビになるかもしれない」

1979年頃だから、ずいぶん昔のことだが、夏の暑い日に駐車場で踏んだガムみたいに、アルの言葉は今でも耳にこびりついて離れない。

スポーツチームの運営やコンサルティング業務など、どこで何の仕事をしていても、「俺はクビになるかもしれない」というアルの声はこだまのように響いてきた。アルのひと言で、スポンサー営業への視点が変わった。本人は知らないだろうが、彼の言葉は、ジャンプスタート・マーケティングを発展させるうえで、決定的な観点を与えてくれた。

## ラジオ放送内製化で売上急増

私が営業しているものを買ったせいで、相手はクビになるかもしれない。アルの発言に私は衝撃を受けた。自分としては、ただ営業に勤《いそ》しんでいるだけで、誰かの仕事人生を終わらせるようなことをしているつもりはなかったからだ。

私がポートランド・トレイルブレイザーズに入った直後、チームはラジオの「内製化《インハウス》」に踏み切った。ラジオを内製化するというのは、試合のラジオ中継でチームが財務上のリスクを取ることだ。

それまでは、チームはラジオ局に放送権を売っていた。ラジオ局は、放送権以外にも、アナウンサー、回線費（現在は衛星回線）など、あらゆる経費を負担していた。だが、ラジオの内製化により、チームがアナウンサーを雇って出張費を負担し、ラジオ広告営業やサポートスタッフまでチームで雇うことになった。ラジオ中継にかかる全費用をブレイザーズが負担するわけだ。ラジオ局側は、財務上のリスクはゼロで試合を放送できる。ブレイザーズ戦の中継は、局がノーリスクで聴取率を取れる、お得なコンテンツとなった。

この財務責任の変更がブレイザーズにとって吉と出るのは、ラジオ局がやっていた時代よりも、スポンサー売り上げを伸ばした場合だけだ。そうならなければ、ラジオ内製化の実験は失敗、私もチームから吹き飛ばされて、キャリアも大コケしてしまう。

世間では、トレイルブレイザーズはラジオを内製化した初のチームとして知られている。そんなことはないと思うが、ラジオ放送を主な収益源の1つにした初のチームであるのは事実だ。1978〜79年シーズンのブレイザーズはNBAトップレベルのチームだった。2年前には、ビル・ウォルトンが大活躍してチームをNBAチャンピオンに導いており、ポートランドのラジオ局がブレイザーズに支払った放映権料は5万ドル。当時のNBAでは3位か4位の高額だった。

ラジオ放送の内製化に際して、私はスポンサー企業の位置づけを変え、契約内容を見直した。スポンサーの位置づけと契約内容の変更とを合わせて価格変更を実施した結果、純利益90万ドルとなった！　チームの年俸総額が150万ドル前後の時代である。この急激な増益の話題は、NBA中に響き渡った。

## クライアントの負担増に伴い、新たに生まれた責任

お祭しのとおり、ポートランドのスポンサー企業は、新たな価格設定を易々とは受け入れなかった。セイフウェイのスポンサー契約は、前年は1万9000ドルだった。私がアルに提案したスポンサー契約は13万ドルだ。初回の打ち合わせでは、「お前をセイフウェイの食肉売り場でハンバーグにしてやる」とアルに脅された気がするが、改めて私たちは交渉の席についた。

値上げだけを見れば、良心のかけらもない馬鹿げた提案だが、このスポンサー契約には、試合中のラジオCM以外にも多くのメリットがあった。

セイフウェイのスポンサー・パッケージにはラジオCMも入っていたが、それは他のラジオ局もやっていることだ。ブレイザーズの差別化ポイントは、選手やチームの知名度と人気を活用した独自のプロモーションを提供することだった。そうしたプロモーションを通じて、セイフウェイの売り上げを伸ばすのだ。

アルは言った。

「認めたくはないが、君の出してきたプロモーション付きの13万ドルの提案は、これまでの1万9000ドルのものより優れている」

アルはこういうことを簡単に認める人間ではない。ポートランド界隈では、アルは西部地区で最強の敏腕広告マンとして有名だった。

「でも、ボスの承認がいる。ブレイザーズにここまで販促費を突っ込むとは、馬鹿じゃないかとボスは思うだろう。たとえボスの承認を取れたとしても、このプロモーションがうまくいかなければ、俺はクビになるかもしれない」

1週間ほどして、アルの上長からスポンサーシップ契約の承認が降りた。ブレイザーズはセイフウェイから13万ドルの売り上げを確約されたが、同時にアルのキャリアへの責任も背負うことになった。私にとって営業は、単に売るだけの話ではなくなった。

## クライアントの売上を絶対に増やすという責任

ラジオ局が企業に放送時間の一部を切り売りして企業CMを流す場合、ラジオ局の責任範囲は明確だ。ＣＭを流せば責任は果たされる。局はＣＭを流すことしか約束していない。ＣＭで効果が出なくても、ラジオ局には関係ない。企業側の広告代理店の責任だ。ブレイザーズがラジオを内製化し、契約料を大幅に引き上げてアルのキャリアを危機に晒《さら》した際には、責任の所在が激変していた。

ただラジオＣＭを流しただけでは、ブレイザーズは責任完了とはならない。チームには、セイフウェイのスポンサー契約を何がなんでも成功させる責任がある。そのためには、プロモーションを通じて同社の売り上げを伸ばすしかない。そのプロセスで、アルをセイフウェイのヒーローにしたかった。

## 「クライアントをヒーローにする」営業方針

クライアントをヒーローにしようと思ったら、営業方針の大転換が必要だ。この方針転換が、自社の業績を伸ばすカギなのだ。営業スタッフを歩兵のように使ってクライアントをなぎ倒していくスタイルのほうが、新規契約の獲得には効果的だと考える人もいるだろう。

でも、押しの強い営業戦術の効果は短期的だと私は思っている。こうした営業戦術では、営業スタッフと顧客が対立関係になりやすい。しばらくは強気の営業スタイルで売り上げを伸ば

## ブレイザーズのスポンサー売上推移

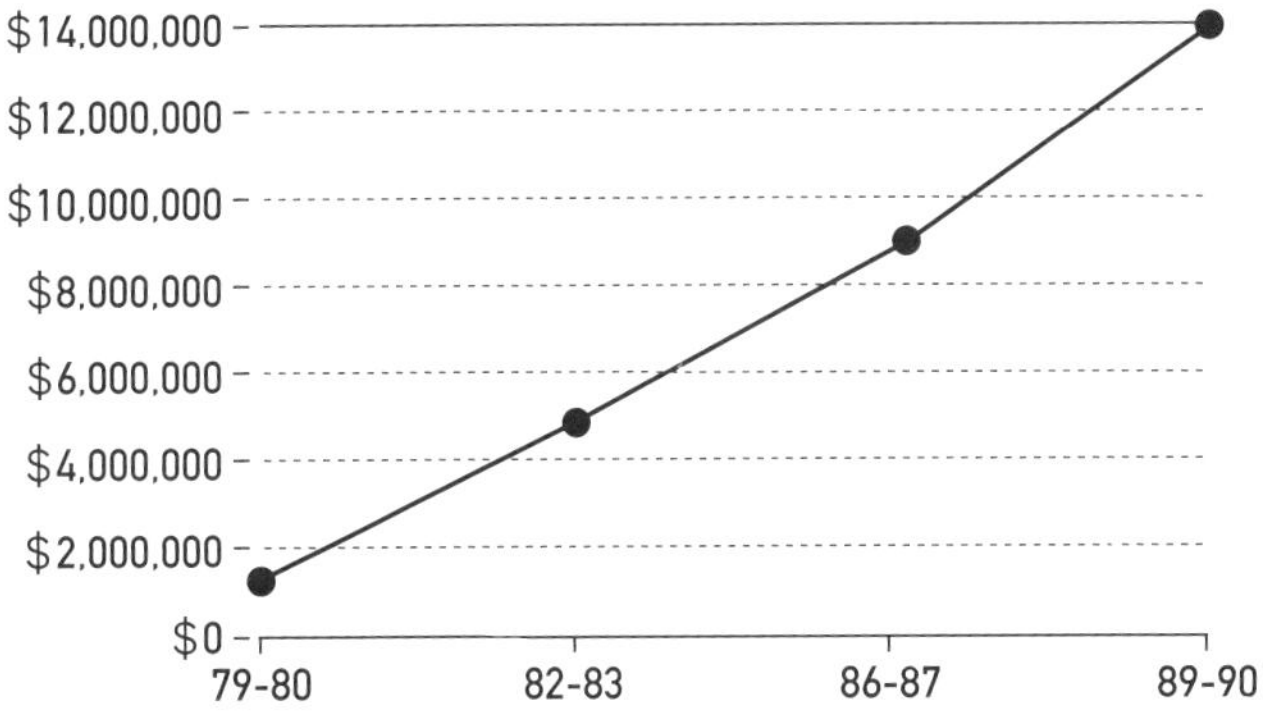


しても、顧客が離れていってしまうため、また、新規顧客獲得攻勢を繰り返すしかなくなる。

「クライアントをヒーローにする」という哲学が企業にあれば、ジャンプスタート・マーケティングの原則を使って驚くような結果を出せる。**継続契約を基盤として、その上に新規契約を積み重ねるべき**なのだ。クライアントをヒーローにできれば、翌年も付き合ってもらえる。全クライアントをヒーローにできれば、来期も友好的な関係をそのまま維持できる。この関係性こそが、企業成長の基盤なのだ。

ブレイザーズがこの哲学を確立してからは、驚くほど成果が出て、スポンサーを逃すことはほぼなかった。チームは、**「継続ヒーロー」（継続顧客）を基盤として、さらに新規ヒーローを獲得**していった。こうしてスポンサー営業売り上げは驚異的に伸びたのである。

「クライアントをヒーローにする」という哲学を、私はニュージャージー・ネッツにも持ち込んだ。ネッツがスポンサー営業売り上げを伸ばせたのは、この思想のおかげである。あくまで既存クライアントの継続契約を基盤として、新規契約を積み重ねるのだ。

## いい仕事をするだけでは足りない

「こっちは身を粉にしてクライアントに尽くしているのに、向こうは評価してくれない」という台詞を耳にしたことがあるだろう。

あるいは、「やると言ったことは全部やったのに、来期の契約を取れなかった。うちより安い提案をした他社に取られてしまった」とか。

こういう話を聞くと、私はお決まりの質問をする。

「君が何をしているのか、クライアント側の責任者は知ってるの?」

営業先の担当者と責任者がイコールの場合もあるが、役員が最終決定するケースも多い。広告なら、クライアント企業の従業員ではなく、広告代理店が判断することさえある。いずれにせよ、自社の営業スタッフとは日常的に仕事をしていない人が最終決定をすることは多い。

自社の仕事ぶりを相手の責任者は知っているのかを問うと、たいていの返事はこうだ。「え？　うーん、知らないと思う」

そこで、私はもう1つ質問する。

「君はいい仕事をしていると、責任者に伝えてくれるのは誰だろう？」

「責任者の部下がちゃんと伝えているはずだ」

「部下？　もし、その『部下』が何か仕事でやらかしたらどうなる？　その部下のせいになるのか、君が悪いことにされるのか」

「うちのせいにされるね」

わかってもらえたようなので、あと2つ質問しよう。

「広告の責任者と日常的に仕事をしていないのなら、どうやってその人をヒーローにするつもり？」

答えを待たず、さらに尋ねる。

「広告責任者がすばらしい判断をしたことを、責任者の上長は知っている？」

このとおり、クライアントのために、いい仕事をするだけでは不十分なのだ。

## クライアントをヒーローにする方法

ニュージャージー・ネッツでは、常に、営業先の広告責任者の首がかかっているつもりで法人営業をしていた。スポンサー企業は、「ネッツは言ったことは守るはずだ」と信頼して、思い切った契約をしてくれていた。相手の首を、縄やギロチンにかけるわけにはいかない。

ネッツとのスポンサー契約は、アル・ニッシュがトレイルブレイザーズとの契約を決断したのより、はるかにリスクが高い判断だ。過去10年のネッツのぶざまな成績を見れば、広告責任者の首は相当に危うい。負け犬であることがアイデンティティになっているネッツよりは、ニューヨークの名門チーム、ニックスやジャイアンツ、ヤンキースのスポンサーになっておいたほうが、リスクはずっと低い。負け犬に自分の首を賭けるのは、本当に危険な行為だ。

どんな企業にも否定派はいる。何にでもケチをつけたがる否定派の中には、他人を振り落としてでも出世したがる人もいる。ネッツとのスポンサー契約を選んだ広告責任者は、否定派の幹部に社内で目をつけられたに違いない。広告責任者が首をかけたと見て、首吊りの縄を結ぶのを手伝ったり、ギロチンに油を差したりする否定派さえ出てくる。

だからこそ、私たちは、ポートランドのアルと同様、ネッツとのスポンサー契約を決めた人

**は全員をヒーローにするつもりでいた。**

そのための方法が1つある。

それは、**「広告責任者の上長に証明する」**ことだ。

とはいっても、広告責任者の上司に電話して「ジョーはすばらしい仕事をしました、うちの商品を買うと決めてくれたんです」と伝えるつもりはない。

まずは、本人に「あなたはヒーローだ」と証明することから始めた。本人に証拠を提示できれば、その人は、証拠を使って社内の否定派を撃退できるし、自分の決断が最適だったと上長に認めさせるツールにもなる。この「責任者への証明」は、3ステップで行なった。

## 「責任者への証明」3つのステップ

### 【ステップ1】圧倒的に良い仕事をする

ブレイザーズでもネッツでも、事業を支えてくれるスポンサー企業に対する基本理念は、**「スポンサー企業の成功のために必要なことは何でもやる」**だった。

繰り返すが、私たちはラジオ局とは違って、企業CMを流すのが仕事ではない。ラジオ局ならCMさえ流せば仕事は成功だが、私たちは、スポンサー企業の成功にコミットしていた。

スポンサー企業を成功させるには、さまざまな方法がある。どの方法であれ、「スポンサー企業の成功のために必要なことは何でもやる」ことを自分たちに課していた。この意識が組織に浸透していれば、そのために従業員はいくらでもクリエイティブになれる。失敗したらクライアントのせいにはできない。全部、自分たちの責任だ。

## 【ステップ2】「年次報告書」を提出する

プロスポーツチームのスポンサー契約には多くの要素が絡む。それらを全部、広告責任者が実体験できるわけではない。成果のほんの一部しか伝わっていないケースも多い。そこで、私たちはスポンサー企業ごとに年次報告書を作成し、具体的なプロモーション内容と、スポンサー企業にとってのメリットを網羅しておいた。

年次報告書の構成は以下のとおりだ。

◎A：エグゼクティブ・サマリー……本契約の具体的なメリットをカバーレターの体裁でまとめたものだ。私の役職・署名だけでなく、携わったスタッフ全員が署名をした。案件によっては、スタッフ9人、10人の署名が連なった。

◎B：スポンサー契約内容の要約……項目ごとに、スポンサー企業にとっての目的と価値を明確に定義しておく。

◎C：プロモーション業務の詳細……スポンサーが消費者向けのプロモーションを行なう場合、ファンへのプロモーションはすべて、チームが引き受けると伝えた。チームにはさまざまな武器があった。たとえば、ラジオやテレビ中継中にアナウンサーが特別プロモーションの話題を出す、チケット会員宛の郵送物で紹介する、新聞紙上で宣伝する、などだ。この項では、私たちが実行したプロモーションの各ステップとその価値を詳しく説明した。

◎D：スポンサー特典の実例……主要スポンサーには、年間シート、観戦チケット裏面への広告掲載（最低1試合）、メディアガイドへの全面広告などを提供した。この項では、1ページ1項目で実例とともに紹介した。

年次報告書は、まさにスポンサー関連資料の完全版と呼べる品質で、時に2、3センチメートルの厚さにもなった。事例はフルカラーで、ウソや誇張はなく、製本は専門の業者に発注した。報告書の背表紙には、スポンサー名とチーム名を入れた。

たとえば、『セイフウェイのスポンサー活動報告　ポートランド・トレイルブレイザーズ1984〜1985年シーズン』という具合だ。

この本は、クライアント企業が飾っておける重厚なデザインになっていた。役員室の応接スペースでコーヒーテーブルに置いても見栄えがするし、飾り棚に並べてもいい。

**【ステップ3】担当者を持ち上げる**

ブレイザーズの年次報告書が届いたら、クライアント企業は以下の反応になる。

①すぐに報告書に目を通す。
②スポンサー契約の要点を理解する。
③自社はこの契約で得をしたという結論に達する。
④スポンサー契約を決めた広告責任者は、聡明で敏腕だと認知される。
⑤広告責任者には昇給すべきだと考える。
⑥広告責任者を昇進させようと考える。

これこそが、年次報告書の真の目的だ。**スポンサー契約によって、クライアント側の担当者の評価が上がること**である。私たちはクライアントをヒーローにしたかったのだ。

年次報告書は、各クライアントあたり最低4部は配布した。もっと欲しいと言われれば、要望に応じた。1部は必ず広告責任者の上司の手元に届くことになっていた。というのも、ネッツの社長である私からの短い手紙を添えて、上司宛に発送しておいたからだ。

## 「年次報告書の作成」が自社スタッフを成長させる

年次報告書を書くようになってから、自社スタッフの仕事ぶりも改善した。見違えるほどだ。スポンサー関連のタスクを実行する際、細部にまで見事な気配りができていて、私は非常に驚いた。実にすばらしいことだ。気が変になるほど細かいケアが常に必要なのだ。物事の細部について、私の経験則はこうだ。

「些事を見過ごすと、のちのち大事になる」

細かい見落としが、モンスター級の厄介ごとに化ける事態はなくなった。たとえ、何らかの理由で精査し損ねた箇所があっても、大きな問題になる前に発見してすばやく解決できる力がついた。このように業務遂行力が改善したのは、年次報告書のおかげだと私は考えている。

思い描いてほしい。スタッフは、クライアントをヒーローにすべく、年次報告書をまとめる。

細部まで精査していると、あるスタッフが言う。

「あーあ、この点ではあまりいい仕事ができていない。こんなことじゃ誰もヒーローにできないよ。それどころか、このままじゃ誰かが生贄《いけにえ》にされかねないね、私たちも含めて」

スタッフは「生贄」を出さないよう、どこでトラブルが起きそうかを予測する。悲観的に聞こえるだろうが、スポンサー対応では、この心構えが重要だった。こうして、些細《ささい》な綻《ほころ》びが大問題に発展するリスクの大半を、事前に見つけて対処できたのだ。

## 顧客の「年次報告書」をつくるメリット

年次報告書のようなものを用意してクライアントをヒーローにするには、大変な労力がかかると思ったかもしれない。それは事実だ。でも、思ったほどは大変ではない。それをチームは2年目の経験から学んだ。

大口スポンサーへの年次報告書作成を始めた年は、夜中まで作業が続いた。なにしろ、NBAのシーズン終了時に、その歴史を再現しようとしていたのだから。過去6カ月の詳細をすべて集め、チームがスポンサー企業のために実施した偉業の数々を再構築するのは大仕事だった。

1社の年次報告書をまとめるだけで、かなりの時間がかかった。

　2年目には私たちも賢くなった。**シーズン開幕時点から年次報告書の制作をスタートさせた**のだ。スポンサー企業の消費者向けプロモーションで新聞広告を出稿した際には、切り抜いてファイルに保管した。ラジオスポットを流したら、放送スケジュールをPCのファイルに残した。スポンサー関連の活動は随時ファイリングされた。**シーズン終了時点には、全情報を並べれば、なんと1時間足らずで、見事な年次報告書の完成**である。

　もちろんシーズン中には年次報告書の作成に手間を取られたが、ほんの数秒から数分程度だ。ちょっとした時間を取られるのは、シーズン終了時にゼロから年次報告書をつくることを考えれば、たいした負担ではなかった。

　ちょっとした時間を費やした価値は十二分にあった。クライアントをヒーローにできれば、2つの大きなメリットがある。

**①少なくともあと1年間は、クライアントを友人（そして顧客）にできる**

　クライアントをヒーローにできた場合、競合他社に仕事を奪われるリスクはどの程度だろう。もう、そんなに脆弱《ぜいじゃく》ではないはずだ。むしろ無敵である。クライアントに見放されることはないだろう。

## ②自社スタッフの業務効率が、ぐんと改善する

クライアントをヒーローにしようと尽力していれば、自ずと業務遂行力がアップし、スタッフ自身もヒーローになれるのだ。

この2つのメリットが得られるなら、ちょっとした時間をかけることなど安いものである。

その手間を惜しまなければ、最高の顧客ロイヤルティと、より有能なスタッフが手に入る。

実にお買い得だと言えるだろう。

# 第12章　まとめテスト

①クライアント企業の担当者をヒーローにするために最も重要なステップは何か？

A　担当者をラスベガスへの接待旅行に連れていく。
B　やると言ったことをやる。
C　担当者がヒーローであることを、その上長に証明する。

②クライアント担当者の上長に、担当者はヒーローだと証明するための３ステップを述べよ。

A　ステップ１：
B　ステップ２：
C　ステップ３：

③年次報告書の考え方を自分の仕事にどのように活かせるだろうか？

④クライアントをヒーローにしても仕方がない業種はあるだろうか？

# 第12章

# テストの答え&解説

**①の答えと解説**

Bと答えた人もいるだろうが、その答えは間違いだ。きちんと約束を守って仕事をやるのは当然だ。でも、やると言ったことをやっただけでは、クライアント企業の担当者はヒーローにはなれない。契約内容以上のことを実行したにもかかわらず、契約を切られた企業を私はたくさん見てきた。でも、クライアントをヒーローにするためのステップを踏めば、少なくとも次の年は友好的でいられる（そしてクライアントでいてくれる）はずだ。というわけで、この問題の正解はCだ。

**②の答えと解説**

A　ステップ1　圧倒的によい仕事をする。

B　ステップ2　「年次報告書」を提出する。

年次報告書は業界によって違うが、いずれにしても、自社の見事な仕事実績を文書にして、すばらしい仕事ぶりを印象づけるツールだと意識しておこう。

C　ステップ3　担当者を持ち上げる。

あなたなりの年次報告書をつくって、クライアントをヒーローとして演出しよう。クライアント担当者の上司にちゃんと年次報告書が渡るよう気を配ること。

**③の答えと解説**

年次報告書についての考えが進化してきた時期のこと、ある晩、友人が私の家に立ち寄った。私が電話に出ている間に、彼は台所のテーブルに置いてあった分厚い本を手に取った。それは某クライアントの年次報告書だった。彼はページをめくって目を通していた。

私が電話を切ると、友人は言った。「すごいな、この会社は君たちにここまでしてもらえるんだね」。明らかに感心していた。

私はうなずいて、クライアント企業の担当者をヒーローにするという私たちの哲学を話した。

「たしかに、その担当者はヒーローだと思うよ。誰か知らないけど」

しばらくして、彼はこう尋ねた。「このやり方を私の仕事でどうやったら使えるかな（彼は不動産業者である）。顧客が翌年も友人でいてくれる必要はない。一度、お客に家を売ったら、もう売らなくていいからね。次の家が必要になるにしても7、8年は先だろう。しかも、私が家を売る一般の夫婦は、彼ら自身がボスであって上司はいない」

「それなら、クライアント夫婦を彼ら自身のヒーローにするんだ」と私は言った。「そうしたら、たくさん知り合いを紹介してもらえるかも」

友人はこのアイデアを2、3カ月間いじくりまわして、ある形式を思いついた。スポンサーの年次報告書ほど手の込んだものではなかったが、家を買ったことがある人なら、彼の報告書をもらったら、どんな気分になるかは想像できるだろう。

4ページの報告書で、表紙には購入した家のカラー写真が載っていた。中を開くと、「家探し」という見出しが目に入る。そこには、自分たちが住みたい家を探していて見学に出かけた物件がリスト化されている。業者用の物件一覧から小さな写真を切り取って、報告書に貼り、横に見学日時を記載した。見学件数が多かった場合には、顧客が特に気に入っていた数件を選んで写真を貼り、残りは表にまとめた。

次のページの見出しは「選択」だ。この項では、物件写真と情報を並べ、顧客がその家を気に入った理由も書いた。

裏表紙には、「交渉」という項目があり、先方の提案条件や交渉内容、日付などが整理されていた。同ページには「資金」の項目が続き、金融機関名、担当者名、金利などの関連情報がまとまっている。一番下には、契約した日にクライアント夫妻と友人が一緒に撮った写真とともに、彼の氏名、住所、電話番号、ファックス番号を記載していた。夫妻にとって人生最大の買い物になるであろう住宅購入の一部始終が、完璧に要約されていた。

「私はこれを4件でつくった」と、友人は言う。「これを渡すたびに、相当びっくりされるよ。私は顧客夫妻をヒーローにした。私の仕事ぶりには彼らも満足してくれたはずだ」

数カ月後、友人は例の報告書のせいでおかしくなりそうだと言った。理由を尋ねると、彼は言った。「報告書1冊につき、頼んでもないのに、最低2件は客の紹介があるんだ。顧客は報告書を友人知人に見せるのが好きらしくて、その人たちが家の売り買いを検討し始めると、私に電話が来る。その人たちだってみんな、他の不動産業者を知ってるはずなのに、わざわざ私に連絡をくれる。報告書のアイデアのおかげだよ」

「じゃあ、何も問題はないじゃないか」と私は尋ねた。

「それがだね、仕事ばかりしているから、ゴルフの腕が地に落ちてしまった。本当にボロボロだから、ハンデを2打くれよ」

**④の答えと解説**

取引単価の低い小売業などには、本章の手法は向かない。10ドルの商品を買った顧客をヒーローにするのは無理だと思う。同じ小売業でも、3万5000ドルの車を売っているなら、確実に買い手をヒーローできるはずだ。1つの方法として、不動産業者の友人のやり方を真似てもいいだろう。

もちろん見出しは変える必要があるが、コンセプト自体はそのまま使えるはずだ。

# 第13章

# 古い社内常識で、エースをつぶすな

# 解雇手当を払うべき3つの理由

「今日は予定があるだろうけど、何とかキャンセルして、ランチに付き合ってくれないか？」と、ある友人から電話がかかってきた。

私としては、近所のデリでスープとサンドイッチで簡単に済ませる予定しかなかった。友人の声は憔悴《しょうすい》していた。「ひょっとしてリストラされるのかも」と考えたが、逆だった。彼はリストラをやる側だった。部下を解雇しようとしていたのだ。

ランチの席で、彼は言った。

「きつい仕事なんだ。本当につらいよ」

あまり同情はできなかった。

「くだらない愚痴を言うなよ。君は会社に席があるじゃないか、君がクビにする相手には仕事がなくなるんだぞ」

経験者だから語れる話だ。私自身、両方の立場を経験している。部下を解雇したこともあるし、自分が解雇されたこともある。たしかに、解雇は楽しい仕事ではない。でも、自分がクビになるほうがずっと深刻だ。

解雇手当はどうかと尋ねた。

「うちの会社では大した支給はない」と友人は言った。

「解雇手当を増やしてやれ」と私は言った。

「たしかに、変化が必要な場面はある。でも、君は変化を起こしたいだけで、その人を虐《しいた》げたいわけじゃないだろう。解雇手当をしっかり払うべき正当な理由は3つある」

友人はじっと座って聞いていた。

「まず、**クビになる人のため**だ。人材市場に出て仕事を見つけられるよう、きちんとチャンスを与えるべきだ。なにしろ彼は管理職であって、マクドナルドの調理のバイトとは違う。キャリアを軌道に戻すのに時間がかかることも多い。君の話を聞いた限りでは、その人は悪人ではない。君とは哲学が違うだけだ。それを刑罰の対象にするな。君は変化を実行すればいいだけだ。他人を苦しめるな」

「2つ目の理由は、**君自身のため**だ。やたらと気を揉んでいるじゃないか。君のせいで相手が苦しんでいないとわかれば、君は気が楽になる。寝覚めもいいはずだ」

「第3の理由が一番大事だ」と私は言った。

「**残りの従業員のため**だ。解雇は他の人も動揺させる。でも従業員の大半は、仕方ないことだと納得して、そこまでショックを引きずらない。残った従業員が見ているのは、人を解雇するときに、時速145キロで走る車から高速道路に相手を突き落とすようなマネはしない、という君の人間性だ。君が解雇対象者にフェアな態度を取っているとわかれば、残った自分たちのこともフェアに扱ってくれるはずだと彼らは判断する」

続けて私は言った。

「残った従業員は君の成功に欠かせない。彼らは君の秘密兵器なのだ」

## 離職率の高い組織がクライアントをヒーローにできるか？

私はチャンピオンチームにかかわったことがないが、想像するに、この上なくすばらしい気分なのだろう。優勝チームのファンの喜びより、さらに上の感情があるのだろう。

1994年にヒューストン・ロケッツが初のNBAチャンピオンに輝いたとき、従業員の心がどれほど湧き立ったかは想像に難くない。だが、彼らの高揚感は、長くは続かなかった。名選手アキーム・オラジュウォンがロケッツを優勝に導いた2週間後、ヒューストン・ロケッツは運営スタッフの75％以上を解雇したのだ。

これは企業戦略として必要な人員削減ではなかった。ロケッツの経営陣は、単にフロントの刷新をしたくなった。大幅な人員の入れ替えをしたかっただけだ。

ロケッツほど劇的ではないが、私が去ったあとのポートランド・トレイルブレイザーズでもスタッフの50%以上が退社した。これは、機銃掃射のように一斉解雇するロケッツ方式ではない。1994〜96年の数年で、60人以上の従業員がチームを去り、アリーナから出て行った。解雇された人もいたし、自ら辞職した人もいた。あるスタッフは、「自分の名前が書いてある弾丸をチームが見つける」前に辞めた、と私に語った。

こうした事例は、スポーツチームでもふつうではないし、「外の世界」でも異例のことだ。だが、従業員が大量に離職せざるを得ない組織は実在する。

離職率が常に高い組織を見ると、私はマーケターらしい考え方をする。こう問うのだ。このような組織がどうやってクライアントをヒーローにできるのだろう。従業員は銃弾を避けることにばかり時間を使っているのに。

## 士気が上がれば、人の動きは落ち着く

離職率が高い企業では、クライアントをヒーローにすることは、優先事項に入ってこない。

従業員にとっては自身の雇用を守ることが第一で、クライアントをヒーローにするなどとは考えていられない。

前章の考え方を気に入って、「クライアントをヒーローにしたい」と思ったのなら（自社の業績を上げるのに絶好のやり方なので、本当におすすめだ）、以下の2ステップを実践しよう。社長にしか実行できないわけではない。部門責任者であれば実行可能だ。

ちなみに、自分には部下がおらず、職場の離職率が高い場合には、取るべき手段はただ1つだ。残業のふりをして職場のコピー機で職務経歴書を印刷し、さっさと別の会社に移るべし。

さて、部下を持つ人に向けて、離職率を下げる2ステップを紹介しよう。これで、少なくとも自分の部下の離職は食い止められるだろう。

## ①気鋭のスーパースターを重視して時間を割き、態度の悪い部下は放置か解雇する

マネジャーの多くは、NBAのヘッドコーチと同じ考え方をしている。NBAのヘッドコーチは、才能はあるのにモチベーションが低い選手や、真面目にやらない選手を常に抱えている。こうした選手のやる気を引き出し、習慣を改めさせるのに、膨大な時間を費やしているのだ。

この手の難題を抱えて、コーチは夜も眠れない。気にせずさっさと寝ればいいのに。同様に企業でも優秀なコーチやマネジャーが、無気力な人にやる気を出させようと粉骨砕身している

のを見てきた。**無気力な人はいくら打てども響かない**。無気力な選手を奮起させる最善策は、無理にやる気を出させようとせず放っておくことだ。**新進のスーパースターに時間とエネルギーを使ったほうがずっといい**。彼らには、すでに向上心がある。ちょっとした手助けや配慮があれば、めきめきと成長していくだろう。

どうせ夜更かしをするなら、**スーパースターの早期育成法**を考えよう。目をかけ、手をかける相手は、伸び盛りのスーパースターであるべきだ。

「それって贔屓《ひいき》じゃないの?」と言われれば、たしかにそうだ。自部署や自社、そして自分を伸ばしてくれる人に手厚くするのは贔屓だろう。

**「誰もが平等に扱われるべきではないのか?」というと、それは断じて違う**。そもそも、やる気のない従業員(あるいは選手)のほうに、伸び盛りのスーパースターよりも手間を割いていることも多い。これはどう考えてもおかしい。

**気鋭のスーパースターに時間と労力を割けば、スターを他社に奪われるリスクは下げられる**。彼らだって、学習し、成長でき、自分にたっぷり目をかけてくれる上司がいる環境なら、転職しようとは思わない。

気鋭のスーパースター重視の方針を見て、部署の新入従業員はどんなメッセージを受け取るだろうか。**「真剣に仕事をしていれば確実にいいことがある」と新入従業員たちは目の当たり**

にする。その上で、自分の働き方を選ぶ。たいていの人なら、「自分ももう少し頑張って贔屓される側に入ろう」と考えるはずだ。

これは、「やる気のない従業員に対して暴君になれ」ということではない。ただ、その人のありのままを受け入れるのだ。否定的な接し方もせず、相手を「救う」ことにも労力を使わない。そのエネルギーは、伸び盛りのスーパースターの支援に使おう。

## ②気鋭のスーパースターが成功できる仕組みと手順をつくる

数年前、ポートランド・トレイルブレイザーズの記事を書いている新聞記者が、私にこう尋ねた。「あなたは、たいそう優れたモチベーターなんでしょうね。みんな熱心に頑張っている」

これを聞いて、私はうなずいた。

「2つの秘訣があるからね」

記者はボールペンをカチッと鳴らし、手帳を持って構えた。

私はちょっと間を取った。最大限の効果を狙っていたからだ。

「第1の秘訣は、自発的な人だけを採用すること」と私は言った。

記者がペンを走らせる間、黙って待った。

「第2の秘訣は、従業員のやる気を削ぐことはしないよう、気をつけること」

自発的な人間のやる気を削ぐことをしないこと、これにかけては、私はうまくやれている自負があった。この技術は、ブレイザーズを退任したあと、他チームや企業でコンサルティング業務をする中で身についたものだ。

あるチームの相談に乗った際に、最初に直面してショックを受けるのは、「問題のあるチームには、従業員が良い業績を出せる仕組みが存在しない」ということだ。そう、従業員が最大限に業績を上げられない仕組みになっているのだ。

そんなことがありえるだろうか。上司は良い業績を望むはずだ。管理職の報酬はたいていが業績連動型なのだから。

全米を探しても、良い業績を望まない上司は1人もいないと思う。あらゆる上司が成功を望んでいるはずなのに、なぜ、部下の能力を制限するような障害物を設置してしまうのだろう。

それは、象牙の塔コンプレックスのせいかもしれない。

役員特典に踊らされて思考が歪んでいるのかもしれない。

年功序列を奉じているせいかもしれない。

こういったことが積み重なって、その障害を取り除くために新たなチャレンジをするのが怖くなっているのかもしれない。

**業績の低い企業は、仕組みに欠陥があるものだ。大量のまずい規則や規制のせいで、従業員**

も誤った道から抜け出せなくなる。そこから飛び出そうとした従業員は、自ら辞職するか、あるいは解雇や冷遇を受けるか以外に道がない。

## 業績が上がらない仕組みが生まれやすい2つのポイント

あなたが社長や部門長、あるいはマーケティングのゲリラ集団のリーダーであるならば、自社の機能不全の原因を探すべきだ。それが見つかれば、あとは簡単だ。自分の影響力の及ぶ範囲で、変えるべきものを変えていけばいい。

業績が上がらない仕組みが生まれやすいポイントは2つある。やる気のない従業員はこの2つを後生大事にしているが、気鋭のスーパースターはそれらを嫌う。

### ①「ずっとそうやってきた」から

このセリフが出たときは、何かがおかしい。これは重大なヒントになる。

デンバー・ナゲッツでの90日間、私はたくさんの質問をした。その1つが、当日券の販売促進を目的とした試合当日の広告だった。

「新聞とラジオのスポット広告に、1試合5000ドルも使っている。理由は？」

何人にも聞いたが、みんな口を揃えて「ずっとそうやってきた」と言う。出た、赤信号だ。

当日券収入は、1試合たった8000ドル。8000ドルのために広告費を5000ドルも費やしていた。

「試合当日の広告に5000ドルを使わなかったらどうなる？　それでも1試合8000ドルの当日券売り上げを得られるかな？」と私は尋ねた。

「たぶん」

ナゲッツは、試合当日の広告を中止した。当日券売り上げは約8000ドルのままだった。

「ずっとそうやってきた」よりもマシな返答があれば、私はただうなずいて別の話題に移っていただろう。だが、「ずっとそうやってきた」が出た場合には、ほぼ絶対に何かを変えるべきだという赤信号なのだ。

赤信号を放置しておくと、それが気鋭のスーパースターの成長を阻害する潜在的な障壁を生む。こうした障壁は、やる気のない従業員には気にならない。むしろ赤信号だらけの状況を心地よく感じ、安心している。あなたが既存のやり方を変えようとした途端、やる気のない従業員は感情をあらわにする。

そこで、あなたは以下のいずれかを選択することになる。

◆**既存のやり方を継続する**……やる気のない従業員には居心地の良さと安心感がある一方、気鋭のスーパースターは不満に思って出て行こうとするだろう。

◆**既存のやり方の改善に着手する**……気鋭のスターは、自分にも大きく成長するチャンスがあると気づく。一方で、やる気のない従業員は、肩をすくめて、ため息をつくだけだ。

## ②「機密事項だ」から

離職率の高い会社では、従業員研修をＣＩＡがやっているのだろうか、というほど何でも秘密になっている。コカ・コーラのレシピの秘密などではなく、ごく日常的な話が機密事項にされる。秘密の持つ威力を濫用しているのだ。

コンサルタントとして、私はさまざまな企業で、馬鹿げた秘密主義を見てきた。驚くべきものだった。

◆**法人営業の秘密**……営業スタッフに、どのスポンサー契約がいくらで売れたかを共有しないチームは多い。あるチームの法人営業担当役員に理由を聞いてみたら、「どのスポンサーがいくら使っているか、競合他社に知られたくないからだ」と言う。

ＣＩＡの研修でも受けたのだろうか。

「でも、それでは自社の営業スタッフが営業状況を正確に把握できないでしょう。何が売れていて、まだ売れていないのは何なのか、わからない」と私は言った。

「もちろん、把握できているさ」と法人営業担当役員は言った。

「売っていい商品については、その都度、必要な人にだけ口頭で伝えているから」

ほら出た、**「その都度、必要な人にだけ伝える方式」**である。

しかし、何がいくらで売れたのか、何が売れ残っているのかは、営業スタッフ全員にとって必要な情報ではないだろうか。

冷戦が終わって、かつてのスパイたちは何をしているのだろう、と疑問に思ったことがあるが、今ならわかる。プロスポーツチームに入り込んでいたのだ。

**◆予算の秘密**……私がニュージャージー・ネッツのコンサルティングを始めたとき、予算の内訳を知っていたのは、会長とＣＦＯの２人だけだった。部門長は自部門がかかわる予算さえ知らされず、あらゆる経費には、会長かＣＦＯの承認が必要だった。「とにかくカネを使うな」が経験則になっていた。身が滅びても節約第一ということだ。

これは極端に聞こえるだろうが、似たような状況は業界を問わず見られる。なぜだろう。冷戦の終結で、そんなに大量のスパイがビジネス界に放たれたのだろうか。

もちろん、解決は簡単だ。

何でも機密解除してしまおう。全部でないにしても、ほぼすべてだ。秘伝のレシピは機密扱いのままでいい。給与明細も公開不要だ。それ以外はすべて共有しよう。

機密扱いをやめたら、社内情報の一部が競合他社に渡るリスクはあるだろう。

今まで秘密の威力に頼って仕事をしてきた人は、それを失って憤慨するだろう。

でも、ほぼすべての情報を共有することで、スーパースターの成長の障壁を取り除ける。彼らが大局観の一端を見られる環境をつくれば、彼らは成長してくれる。あなたの業績も伸びる。

秘密主義をやめれば、部署も会社も、成長できるのだ。

## ジャンプスタート・マーケティングでようやく組織の士気は上がる

従業員の離職率が高い企業について、その元凶が誰かを言い当てるのは簡単だ。経営トップに決まっている。オフィスビルの管理人のせいで離職率が高い会社なんて見たことがない。

どうしようもない元凶が経営陣に座る企業はある。そうした企業は、短期的な成長だけを追う。未来の話など知ったことではない。そういう企業は人の入れ替わりが頻繁なので、一見、社内にはチャンスがあるように思える。

だが、真のチャンスが到来するのは、経営トップが更迭《こうてつ》され、これまでのギロチン作戦による損害を埋め合わせるべく、企業再生のためにジャンプスタート・マーケティングを選択せざるをえなくなったときである。

## 第13章 まとめテスト

①重要な従業員の離職率を下げる２つのステップとは何か。

A ＿＿＿＿＿＿＿＿＿＿＿＿＿＿＿＿

B ＿＿＿＿＿＿＿＿＿＿＿＿＿＿＿＿

②従業員が潜在能力を最大限に発揮して成功することを許さない、欠陥のあるシステムを生み出す２つのポイントを挙げよ。

A ＿＿＿＿＿＿＿＿＿＿＿＿＿＿＿＿

B ＿＿＿＿＿＿＿＿＿＿＿＿＿＿＿＿

③自分の組織で、「ずっとそうやってきた」ことの中で、今変えるべきものは何か。

# 第13章 テストの答え＆解説

## ①の答えと解説

Ａ　気鋭のスーパースターを重視して時間を割き、態度の悪い部下は放置か解雇する。

Ｂ　気鋭のスーパースターが成功できる仕組みと手順をつくる。

この回答を見て、モチベーションの低い従業員は憤るかもしれない。そういう人は、生産性よりも年功序列を信奉している。この手の従業員は年次も給与も高いため、離職する確率は非常に低い。会社を出ていくのは、若くて伸び盛りのスーパースターたちだ。後者に辞めてもらっては困る。

気鋭のスーパースターが成功できる仕組みをつくることで、やる気のない従業員はやがて劣勢に立たされる。強い側に加わるか、辞めるかの二択となるだろう。どちらにせよ、あなたの会社の勝ちだ。従業員の大幅な入れ替わりを避けて、クライアントをヒーローにし続けることが可能になる。

## ②の答えと解説

Ａ　「ずっとそうやってきた」。

これの親戚にあたるのが、「壊れていないなら直すな」だ。表面的には、合理的に聞こえる。が、実際には、まだ壊れていない段階で改善を試みなければ、ある朝、会社に行ったらもはや手がつけられない状態だった、という事態になる。万物は流転するのだから、企業としては、壊れていないものを改良することを、日常的な習わしにしておくべきだ。

B「機密事項だ」。

この威力は間違っている。これが組織で横行すると、伸び盛りのスーパースターは逃げていき、社歴は長いがモチベーションの低い従業員しか残らない。「機密事項だ」というのは、1950〜60年代の長寿テレビ番組のタイトルだ(I've Got a Secret、日本版は「私の秘密」)。伸び盛りのスーパースターの離職を防ぐためには、この番組には終わってもらわなければならない。機密解除をしよう。

**③の答えと解説**

これについては、十分に紙幅を割いて説明できていない。そこで、あなたのノートを使うことにしよう。「ずっとそうやってきた」ことを書き出してほしい。順番は気にしない。とりあえず、ただ列挙してみよう。

中には、「ずっとそうやってきた」という基準にはぴったり来ない項目も出てくるだろう。気にせず、とにかく書き出しておこう。

「ずっとそうやってきた」の基準に当てはまらないかも、という例を挙げておこう。

私のナゲッツ在籍期間全90日の初めの頃、試合前にチケット売り場に立ち寄ってみた。ドアをノックすると、中から誰かが叫んだ。「誰だ?」

私はドア越しに自分の名前を叫び返した。

鍵が外され、ドアがさっと開いた。チケット売り場の責任者は、せわしなく廊下の左右を確認してから、私を招き入れた。中では4人のスタッフが、試合を見に来たファンに当日券を売っていた。私はそこで30分ほど過ごし、チケット販売の合間にスタッフの話を聞いた。

翌日、チケット売り場の責任者が社長室にやってきた。彼は「ナゲッツの経営幹部がチケット売り場《ボックスオフィス》に来たのは初めてです」と言った。

私は笑った。「全社でいちばん大事なオフィスだよ。そこにお金が入るんだから」

「その件で相談に来たんです」と言う。「のぞき窓の話です」

「どういう意味？」

「チケット売り場に来たとき、社長はドアをノックしましたよね」と彼は言った。「姿が見えないから、私は大声で叫ぶしかなかった。社長も大声で名乗りましたよね。まあ、それはいいんです。でも、中の誰かがトイレに行きたくなった場合、いきなり廊下に出るわけです。多額の現金を置いていますから、ドアを開けた途端に、待ち構えていた強盗が入ってきて、私たちを刺すかもしれません。のぞき窓が必要です」

「じゃあ、つけなよ」と私は言った。

「この8年間、私はこの要望を出してきたんですが、事態は動きませんでした。アリーナは市が所有しているので、チームから市に要望を出すことになります。市とチームはいつも交渉を続けていますが、のぞき窓は永遠につきそうにない」

「だから？　誰かのぞき窓をつくれる人を知ってる？」

「はい」と彼は言った。

「今夜の試合までにつくれるかな？」と私は尋ねた。

「大丈夫です」

「いくらかかる？」

「75ドル前後かと」

「じゃあ、やろう。のぞき窓の最高責任者に君を任命する。すぐやっちゃおう」

チケット売り場の責任者は、そそくさと出ていった。

試合開始の直前、彼が私を探しに来た。私はテレビのインタビューに応じていたのだが、その間、じっと待っていた。数分後、インタビューが終わると、彼は言った。「一緒に来てください」

チケット売り場までついて行った。ドアの前で立ち止まる。そこには、きれいなガラス製ののぞき窓がはめ込まれていた。チケット売り場の責任者は笑顔になっていた。

8年もの間、のぞき窓がないせいで、彼もスタッフも困っていた。自分たちの安全なんて経営陣にはどうでもいいのか、と感じていた。チケット売り場のドアにはのぞき窓がない――ずっとそうだった。でも、電気ドリルと小さな板ガラス1枚があれば、すべては変えられる。

だからあなたも、「ずっとそうやってきた」ことのリストをつくるのだ。ドアののぞき窓のように一見平凡なことも忘れずに。リストが完成したら、優先順位をつけていこう。

優先順位は2方向から考える。まず、重要度という観点でリストに順番を振る。次に、すばやく変更しやすい順に番号をつける。

さあ、両方のリストに沿って仕事に取り掛かろう。今すぐ、「ずっとそうやってきた」ものを変化させていくのだ。見えないドアがあるのならば、のぞき窓をつけて、見通しをよくすればいい。

# 第14章

# あえて「相手にとって良すぎる条件」を持ちかける

## 立て直しが必要な企業の口癖

「これは条件が良すぎます」と運営部長が言った。

「どういう意味？　採算が合わない？」と私は聞いた。

「いえ、利益は出るんですが、ファンにとっておいしすぎますよ」と彼は答えた。

私は驚いた。野球のハワイ・ウインター・リーグのコンサルティングをしていたときの話だ。これは育成リーグの一種で、MLBが最高の若手スター選手をハワイに送り込み、2カ月間で野球の技術を向上させるプログラムだ。日本と韓国のプロ野球からも有望な若手選手が派遣された。ウインター・リーグ出身者は、やがて世界中の球界でスーパースターになる。若き天才たちは4チームに分かれて、10月から12月上旬まで、毎日のように試合をする。

ワクワクするような話だが、1つ問題があった。誰も試合を観に来ないのだ。目を覆うような観客動員数だった。映画『フィールド・オブ・ドリームス』の名台詞は「それをつくれば彼が来る」だが、こちらは「リーグをつくれど誰も来ない」だった。誰も来ないので、リーグ運営本部は赤字だらけで赤インクの池ができた。

チームの1つはホノルルを拠点にしていた。そこで、少人数の営業部隊をつくり、シーズンパスの販売数を増やそうとした。2カ月ほどでチケット売り上げは2倍を超えた。これはすばらしい進歩だと言えるのは、元が1000枚売れていた場合である。残念ながら、開始時点での販売枚数は100枚だった。つまり、2カ月経っても200枚しか売れていない。これで消せる赤字は、ほんの小さなインクの点くらいだ。

それでも、**顧客に耳を傾ければ、彼らは何を買いたいかを教えてくれる。**

ヒアリングの結果、私たちは新しい観戦商品をいくつか考えた。

その1つはピクニックだ。週末をハワイで過ごしたことがあれば、ハワイアンのピクニック愛好ぶりはご存じだろう。私たちのピクニックは、土曜の試合の観戦券に、食べ放題、飲み放題、ホノルル・シャークスの野球帽まで全部ついて25ドルだ。

食べ放題、飲み放題で25ドル？　フードメニューはバーベキューチキンとスペアリブ、ホットドッグ、ハンバーガーにコーン、ビーンズ、サラダもあった。ドリンクはソーダとビールだ。

この商品の利益率はかなり高かった。ウインター・リーグ側の飲食費の負担は、1人あたりたった7ドル。野球帽は1・73ドル、つまり、原価は1人9ドル以下で、16ドル以上が利益になる算段だ。

ピクニック・セットは飛ぶように売れた。販売スタッフの中には、1日で4000ドルも売り上げた若者もいた。2000ドル売った人もいた。反転攻勢で、赤字を一気に消せそうだ。

事業部長は繰り返し言った。「でも、条件が良すぎます。何項目か削減しましょう。野球帽をやめるとか」

私は呆気に取られたが、そういえば驚くようなことではない。前からこうした光景はよく目にしていた。スポーツ業界の内外を問わず、よくあることだった。立て直しが必要になる企業はたいてい、新商品のアイデアを出すと、「それは条件が良すぎる」と言うのだ。

## わざと「条件が良すぎる取引」をする

「自社のある商品を、お得すぎて買うしかない状態にせよ」というお題が出た場合、方向性の選択肢は3つある。

### ①価格を下げる

買うしかないほどお得な状況をつくる上では、最もありふれた方法だ。

まずは定価から1割引にして様子を見る。客が動かなければ、1割を2割に、さらには半額まで値下げをする。こうして売価を下げ続ければ、最終的には買わざるをえないお得な商品ができる。果たしてそうなのか？

この方法に効果があるのは、その商品には定価相当の価値があると認識されている場合だけだ。それでいうと、ハワイ・ウインター・リーグ観戦は、そもそも、ホノルルでもっとも安上がりなアクティビティの1つだった。定価はたった6ドル。それでも全然売れなかった。そこから1ドル引こうが、半額の3ドルまで値下げしようが、たいしてお買い得ではない。

一方、バーガーキングのワッパーは、定価1・79ドルに見合う価値が認識されている。だから99セントで買えるキャンペーンに消費者は飛びつき、ワッパーの販売数が激増するのだ。

1台2万ドルで乗用車が大量に売れている状況で、メーカー側が３０００ドルの値下げをすれば、販売車数は急増するだろう。「この商品には2万ドルの価値がある」と消費者が認識しているからだ。それが1万７０００ドルで手に入るとなれば、消費者は家中のへそくりをかき集めてでも買いに走る。

商品価値が定価と見合っていない場合には、値下げ施策をしたところで、がっかりするのがオチだ。値下げしても誰も買ってくれないなんて、うれしいものではない。そこでさらに値下げを繰り返す。さらに大胆な値下げだ。いつか誰かが買ってくれるだろうと思って、どこまでも値下げを続けても無駄だ。買いたい人は現れない。

## ②価値を高める

「商品価値が低い」と思われている場合、値下げでは効果がない。商品価値への認識を高める必要がある。が、これはたいてい困難だ。手っ取り早く結果を出すには、他の商品の知覚価値を借りてきて、元の商品と抱き合わせで価値を高めればいい。ハワイ・ウインター・リーグのピクニックは、まさにそれだった。食べ放題・飲み放題が25ドルで、ついでに野球帽と観戦券が無料でついてくるって？　このお得感には抗えないだろう。

私がネッツでコンサルティングを始めたとき、こんなクリエイティブなチームは初めてだと思った。と言っても、チケット値下げ方法だけが妙にクリエイティブだったわけだが。あんなに妙なチケット値下げの方法をいくらでも思いつくチームは他に見たことがない。

どの試合も、何らかの形で値引きされていた。ある月など、チケット割引を牛乳パックで宣伝していた。パックの側面に「4ドルでネッツを観戦しよう」という謳い文句と共に、10試合のリストが印刷されていた。中には、マイケル・ジョーダンやマジック・ジョンソン、ラリー・バードが出るようなベストゲームも入っていた。だが当時、ネッツのチケットは値引きが横行しており、チケットには価値がないと思われていたので、「4ドルでネッツを観戦しよう」キャンペーンはまったくの不発に終わった。

ネッツは値引きをやめて、他の商品の価値と抱き合わせでチケットを定価で売る手法を始めた。これは魔法みたいにうまくいった。5試合セットの特別前売り券を購入すれば、ベストゲームも観戦できるうえに、毎試合、無料プレゼントがもらえるという企画だ。

5試合セットの特別前売り券には、プレゼント5点が「込み」なのだ。ネッツのロゴ入りバスケットボール、キャップ、ポスターなどが無料でもらえた。その上、5試合とも、おまけのアトラクションがあった。人気マスコットのサンディエゴ・チキンが登場する試合もあれば、バドライト・デアデビルズによるハーフタイム・ショーもあった。この5試合特別プランを、ファンが買わずにいられないお得な商品にすべく、私たちは多種多様なプレゼントや企画を盛り込み続けた。

## コストは安いのに、消費者がお得に感じる施策とは？

牛乳パック・キャンペーンは惨敗だったが、5試合特別プランのほうは1万2000セット以上を売って、それだけで150万ドル以上の売り上げを達成した。このプランの企画・運営中、オーナー7人衆の1人が言った。「これはファンが得をしすぎていない？」

それで言うと、金銭的には牛乳パックのキャンペーンのほうがファンは得をしている。あっちはチケット価格8割引きと、超お買い得だった。5試合プランでは、値下げで損するはずのお金を一部、ネッツ観戦の価値向上に使ったまでの話だ。チケットを8割引きで売るのをやめて、チケット定価の約5％を商品価値の向上に充てた。その結果、何千枚も売れたのだ。

ファストフード・チェーンが、バットマンなど人気映画とのタイアップで、ハンバーガーの価値を上げようとする事例はお馴染みだ。

企業は、バットマンの価値をハンバーガーやポテトに上乗せして、フードを定価で売っている。金額だけを見れば、顧客にとってはバーガー大幅値引きのほうがお得ではある。だが、バットマンの価値を拝借する手法のほうが、チェーンとしてずっといい商売なのだ。

その理由は3つある。

### ●コストが抑えられる

バットマンの無料プレゼントは、1ドル（あるいはそれ以上）値引きするより、はるかに安く済む。プレゼントの製造原価は20セント程度だろう。時には、フードと「無料」プレゼントのセット価格がフードの定価より高くても消費者は買ってくれる。この場合には、プレゼントの原価が相殺できてしまう。一方、1ドル値引きをすれば確実に1ドルかかる。

## ●競合他社の顧客を引き剥がせる

ハンバーガーが1ドル安くなったくらいでは、競合他社の顧客に「今日は別のブランドで食べてみようか」と思わせるのは無理かもしれない。その場合、1ドル値引きキャンペーンで得をしたのは、自社の顧客だけだ。一方、チェーン限定の無料プレゼント施策なら、**競合店の顧客を引きつける強いインセンティブになる**可能性が高い。

## ●価格の整合性は保たれている

この施策では、客は依然として、ハンバーガーとポテトを定価で買っている。もちろん、無料プレゼントはついてくるのだが、フードの定価が妥当だという認識は変わらないだろう。割引施策で大きなハンバーガーが99セントで買えるのに客が慣れてしまうと、これは厄介だ。

## ③価格を下げて、価値を高める

これは自暴自棄なやり方に見えるかもしれない。それでも構わない。**必死になって、買い手が抗えないほどお得な何かを考え出す**のだ。ネッツではこれを実行し、大きな成果を上げた。

対戦相手がいい試合のチケットは格段に売れるようになったが、誰も行きたがらないカードはあった。ネッツ対ロサンゼルス・クリッパーズ戦でファンが熱狂するわけがない。選手の妻やガールフレンドですら来ないカードだ。選手の妻や恋人の間でだけインフルエンザが局地的に流行したかのように、クリッパーズ戦には誰もいなかった。無料で観られる関係者すら来たがらない試合で、どうやって有料集客をすればいいのだろう。

私たちは思い切って自暴自棄の手段に出た。価格を下げて、価値を高めた。それがホワイトキャッスル・ファミリーナイトである。

ホワイトキャッスルは東海岸と中西部に展開するハンバーガー・チェーンだ。ホワイトキャッスル・ファミリーナイトは、同社のラジオ・スポンサー契約の一環として毎月1回、実施された。このキャンペーンで、客がもらえるのは以下のとおりだ。

◎ネッツ観戦チケット（日時指定あり、定価16ドル）を4枚。
◎ホワイトキャッスルでのお食事券4人分。同社のハンバーガーは小ぶりなので、4人分の内訳は、ハンバーガー12個、フライドポテト4つ、コーラ4本とした。
◎ネッツのロゴ入りバスケットボール1個。
◎ネッツのキャップ1点。

これ全部が39・95ドル＋送料で手に入るのだ。家族でNBA観戦に行き、食事をして、無料プレゼントが2つももらえて合計39・95ドルだなんて、東海岸ではネッツだけだ。価格は39・95ドルだが、100ドル以上の価値がある。

この39・95ドルから、利用されたお食事券1枚あたり約10ドルをホワイトキャッスルに払い戻した。バスケットボールの原価は2ドル、キャップは約1ドルだった（キャップは台湾のメーカーに10万個も発注したので、ハワイ・ウインター・リーグの野球帽よりずっと安く上がった）。1セットあたりのコストは約13ドル。約27ドルがチームの手元に残った。

ホワイトキャッスル・ファミリーナイトは何千、何万と売れた。毎試合、完売するのがお約束となった。

かつてのネッツ対クリッパーズ戦では、無料チケットを人にあげることも無理だった。それでも、価格を下げて価値を高めることで、アリーナ完売が実現した。ファミリーナイトの興行収入は、通常の同一カードの約2倍となった。

3つの手法のどれを使っても、利益を削ることにはなる。でも、利益率は高いけれど誰も欲しがらず、まったく売れない商品を抱えるのに比べれば、商品がバカ売れして相応の利益が出るほうがいいに決まっている。

## それはマーケティングじゃない!?

「もう1つ、どうかと思うセットがあります」と、ハワイ・ウインター・リーグの運営部長は言った。

どのプランの話をしているのかはわかった。ピクニック・セット（25ドルで食べ放題、飲み放題に野球帽と観戦チケット付き）が「おいしすぎる」と感じたのであれば、ふつうの野球ファン向けに設計したセットは、きっと気に入らないだろうと予想できた。

「ファンにとってお得すぎる？」と私は尋ねた。

「まさに。あまりにも条件が良すぎます。ありえません」と言って、彼はしばらく黙って考え込んでいた。

「こんなのマーケティングじゃない！　ファンが抗えないような条件を出しているだけじゃないですか」

まさにそのとおり！　彼はようやく、ジャンプスタート・マーケティングとは何かを理解したようだ。ハワイの人たちは、ウインター・リーグのシーズンパスなど、欲しくはなかった。そもそも、ふつう興行として客を球場に呼び込むには、このリーグには格式が足りなかった。

の野球ファンは、本拠地開催試合を9日間連続で9試合、観戦したいわけがない。ハワイの人々が望んだのは、球場でのピクニックだった。

あるいは、全試合に行く必要のない、抗えないほどお得な観戦券セットだった。

ウインター・リーグ2つ目のセット商品として、私たちは「5試合セット」をつくった。前年は、似たような6試合セットをつくって惨敗していた。そのセットでは、1試合1ドルの値引きだったので、6試合セットで30ドルだった。60枚ほど売れた。シーズンパス100枚と合わせて160枚の前売り券が売れたことになる。ちなみに球場の収容人数は4300人だ。

そこで、以下のようにセットの位置付けを変え、形式を改め、再構成した。

## ◎1試合1ドルの値引きはなし

6ドルというチケット単価は問題ではなかった。1試合1ドル値引きは購入動機にはならないだろう。むしろ、その1ドルを使って、観戦券セットの価値を大幅に高めたい。

## ◎試合は週末のみ

家族は一緒に週末を過ごしたいものだ。私たちの5試合セットは週末の試合だけだ。2週に1試合という計算になる。

### ◎リトルリーグ用のバットが無料でもらえる

スポーツ用品店で買えば15ドルくらいするものだが、我々は3・5ドルで入手できた。家族連れなら、1ドル値引きと15ドルのリトルリーグ用バット、どちらを選ぶかは明らかだ。子どもがいない人でも、知り合いにリトルリーグのバットを欲しがる子はいるだろう。

### ◎ハワイ・ウインター・リーグの公式球をプレゼント

硬球の店頭価格は約7ドルだ。リーグは約2ドルで仕入れられる。

5試合特別セットの売価は30ドルで、週末5試合の観戦券に、約22ドル相当の野球用品がついてくる。これは野球ファンにとっては抗えない魅力的なオファーだ。このセットをつくるうえで、運営側のコストは、1試合1ドル値引きよりも数セントほど高くついただけだった。

## 相手に拒否されるような条件

私がハワイを去ると、運営部長はリーグのオーナーに直談判して、例のセットは「お得すぎる」と説得した。彼はリトルリーグ用バットの無料プレゼントをやめたかったのだ。誰も欲しがらない商品を、誰にでも拒否されるような条件で提供しようとしたわけだ。彼は私からも断られた。消費者に拒否されるような条件で商品を売ろうとするなんて、お断りに決まっている。そんなことなら誰でもできる。

商品が売れないのには理由がある。たまたま売れないわけではない。

ジャンプスタート・マーケティングとは、誰も欲しがらない商品を、顧客の喉に無理やり押し込む手法ではない。誰も欲しがらない商品であれば、その位置付けを変え、形式を改め、再構成して、買い手が抗えないほど魅力的なものに変える。それがジャンプスタート・マーケティングだ。

## 第14章　まとめテスト

①誰も欲しがらない商品を、買わずにはいられない商品に変える手法を３つ述べよ。

A ______________________________

B ______________________________

C ______________________________

②売れていない自社商品を１つ選び、位置づけや形式の変更、商品の再構成を行ない、顧客が抗えない魅力的な商品に変えよ。

③前問で売れていない商品を顧客が抗えない魅力的な商品に変えたが、その商品をさらに優れたものに変えてみよう。とんでもない商品にすること。

第14章

# テストの答え&解説

**①の答えと解説**

A　価格を下げる。
B　価値を高める。

これは通常、他の既存商品の価値を借りることで行なう。私はこの手法を好んで使う。一般的に、価値を高めたほうが値下げよりもコストが抑えられるからだ。さらに、付加価値があるため、買い手は「いい買い物をした」と感じてくれる。

C　価格を下げて、価値を高める。

もちろんこれは、より自暴自棄な手法だ。ネッツ対クリッパーズ戦のように、どうしようもない商品を抱えた場合のみ、この手法を使うこと。

**②の答えと解説**

本当に、誰も欲しがらない商品を、顧客が抗えない魅力的な商品に変えられただろうか。

**③の答えと解説**

なんと、すごいところまで来たものだ。実に見事だ！　どんな商品かは知らないが、私もぜひ買ってみたい。

# 第15章

# 間接部門をマーケティングツールとして活かす

## 年間シート継続保留者たちへの対処法

シーズンが終了すると、スポーツチームは年間シートの更新案内レターを送る。戦績が散々だった場合には、トレードやドラフトなど、明るいニュースが出るまで案内レターの送付を待つこともある。悲惨なシーズンを終えたファンには「喪に服す時間」が必要だ。その後にいいニュースが届けば、ファンは立ち直る。これがスポーツのすばらしいところだ。ファンにはレジリエンスがあり、彼らは楽観主義を永遠に捨てない。

ニュージャージー・ネッツでは、この「喪に服す時間」が毎シーズンの恒例行事となっていた。喪が明けて、ドラフトが終了してようやく、年間シート更新案内レターが送れるわけだ。

私がネッツに入る前、年間シート所有者のうち、約2割が前シーズンから立ち直れず、更新を行なわなかった。一方、年間シート契約者のおよそ6割は、喪が明けると生命力を取り戻し、30日以内に頭金を入金してくれた。残った2割が保留者で、この人たちが面倒なのだ。

ネッツの年間シート売り上げは常にNBAで最下位だったので、運営としては、保留者を簡単に切り捨てることもできなかった。保留者の中には、結局、開幕直前1週間あたりになって入金してくる人も多かった。開幕1週間後に入金する人もいた。彼らには、支払い期限を過ぎてもどうせネッツは保留者を切り捨てないことがバレていたのだ。

この状況は、**年間シートを早めに更新したファンへの不利益になっていた**。というのも、保留者の多くは良い席を保留していたからだ。年間シートのキャンセルが発生すれば、チームは更新済みの年間シート継続購入者に、「より良い席へ移動できますよ」と案内していた。でも、開幕直前にキャンセルされると、こうした座席移動の手続きが難しくなる。その良い席は、新規購入者に割り当てられてしまう。これはフェアではない。

この状況を変えなければならないと私は思っていた。年間シートの購入を保留にしている人が本当に支払う気があるのか、それとも結局キャンセルするつもりなのかを、なんとかして早めに見極めねばならない。

しかし、これは簡単ではない。というのも、毎年のように保留してくる猛者もいたからだ。そういう人は督促の電話にも慣れっこで、平気で無視するのだ。手紙での催促も放置される。どうにかして、**彼らの気分を害することなく、注意を引きつける必要があった**。そこで行き着いたのが、**ゴム製のニワトリ**《ラバーチキン》である。

長さ90センチのラバーチキンを、全保留者に1羽ずつ購入した。そして、長さ1・2メートルの細長い箱に入れて、宅配便で送った。さすがにチームから宅配便で箱が届けば、歴戦の保留者でも、何だろうと気になるはずだ。

さて、好奇心で箱を開けると、ラバーチキンが出てくる。箱から引っ張り出したニワトリには、紙製の小さなバスケットボールのタンクトップが着せてあって、その前面には「Don't Fowl Out」（「退場しないで」の意。fowl は家禽類）と書いてある。タンクトップの背面にも、メッセージがある。「あなたはまもなく退場です！　でも、ベンチに下がらずプレーを続ける方法はあるよ。添付のレターを読んでね」

ラバーチキンには私からの手紙が添えてあった。

親愛なるジョーへ
とても困っているので、助けてほしい。

年間シートの更新案内を2回送ったが、まだ返事をもらえていない状況だ。以前は、それで特に問題なかった。開幕までしつこく連絡すればいいだけだった。年間シートのお客様は、たいていは最終的には更新してくれる。でも、そうでない場合もある。

この「そうでない場合」が困りものなのだ。9月や10月になってから、更新しないことがわかれば、いい席が空く。年間シートの更新者には、座席のアップグレードをご案内しているのだが、それ以降にいい席が空いた場合、その席は新規購入者に渡ることになる。何年も年間シートを継続購入してくれて、いい席を望んでいる古参のファンの方よりも、新規購入者が得をしているのは、明らかにまずい。

この状況を変えるには、年間シート更新の有無を早めに把握する必要がある。更新しない席を把握して、長期のお客様にその席を案内したいのだ。

**本当に最後の、最終締め切りは7月18日。**

というわけで、二度の更新案内に続いて、この「Don't Fowl Out」を送った。

7月18日は正真正銘の最終日、嘘偽りなしの最終締切だ。

その日までに更新手続きがない場合、すでに年間シートを更新してくれた人に、あなたの席を案内する。

私たちとしては、ぜひあなたに更新してほしい。今季は、これまで以上におもしろいネッツをお見せできるはずだ。でも、すでに更新してくれたお客様を無碍《むげ》にしたくない。継続更新をしてくれるファンはチームの礎であり、彼らにより良いサービスを提供すべきだ、というのが私たちの信念だからだ。

というわけで、最終申し込み期限は7月18日（月）だ。すぐに電話がほしい。

よろしく頼む。

社長　ジョン・スポールストラ

追伸　今年、年間シートはちょっと違うかも、と思った場合は、今年のあなたに合うような魅力的な観戦プランを私たちで用意したい。自分に合うプランを知りたい場合も、ぜひ同封の請求書に記載の電話番号に連絡を。

ラバーチキンへの反応は本当に凄まじかった。年間シートの更新率はネッツ史上最高の93％となった。すべてニワトリのおかげだとは言えないが、年間シート保留者を対象とした歴代の施策のどれよりも、ラバーチキンが目を引いたことは確かだ。

「今払ったよ」と笑いながら電話をかけてきた人もいた。友人に見せたいからもう1羽ニワトリを欲しいという連絡もあった。更新済みの購入者から、「ニワトリがもらえないのはずるい」と私宛ての苦情電話があったほどだ（その人たちにもラバーチキンを送っておいた）。

1人だけ、やや動揺して電話をかけてきた人がいた。私が電話を受けた年間シート保留者はインド出身の医師だった。英語力はまったく問題なかったが、「ラバーチキンを送る」という私なりのアメリカン・ジョークはうまく伝わらなかったらしい。

電話口で彼は言った。

「たくさんの看護師の前で箱を開けた。記念品かと思ったんだ。なぜ君はアヒルの死体を送ってきたのか？」

## 売れゆき好調という〝悪夢〟

精神分析のカウンセリングルームでカウチに横たわって、あなたは言う。

「私は悪夢の中に入り、ジャンプスタート・マーケティングを使った。すると、まったく別の悪夢に飲み込まれてしまった」

精神分析医は鉛筆と紙を置いて、傾聴を始めるだろう。

「ふむ、それについてもっと聞かせて」などと言うかもしれない。

この「悪夢から悪夢へ」の移行を、私はネッツで経験した。私がネッツでコンサルティングを始めた年、前売り券を大量に売りすぎて、受注業務に遅れが出た。販売量が処理能力を超えてしまったのだ。

そんな問題を抱えてみたいものだ、と夢想する企業も多いだろう。だが、いったんこの手の悪夢に陥ると、別種のフラストレーションが現れる。工夫して新たな売上をつくるたびに、

「バックオフィス」（間接部門）はせっせと顧客不満足を量産する。最悪だ。

バックオフィスにいる悪者は、いったい誰なのだろう。せっかく売ってきたのに、なぜそれを台無しにするのか。

バックオフィスと呼ばれる部署は、製造部門や組み立て部門、あるいはネッツのように受注と発送業務を担う部門など、企業の業種などで異なる。経理部門の一部である請求や入金処理などもバックオフィスに含まれることが多い。

ジャンプスタート・マーケティングがうまくいきだすと、たちまちバックオフィスは大混乱になる。これは避けられそうにない。なぜバックオフィスはジャンプスタート・マーケティングにすぐ適応できないのか。理由を見てみよう。

### ①バックオフィスは、ジャンプスタート・マーケティング以前の状況に適応している

販売のペースがどうであれ、バックオフィスは注文処理を迅速に終えないようにできている。処理が早く終わってしまうと、バックオフィスは人員削減の対象になるためだ。処理を早く終えたスタッフが、就業時間中にトランプをしたり、あるいは早く帰ってしまったりするのを静観できる管理職はいない。バックオフィスとしては、「注文をゆっくり処理しつつ、忙しそうに振る舞う」ことだけが、雇用を守る保険になる。これが「バックオフィスの掟」その1であ

る。

## ②バックオフィスのシステムは非効率にできている

より効率的な受注処理システムをバックオフィスが導入するのは自殺行為だ。効率的な仕組みはバックオフィスの掟に反する。人員削減につながるのだ。

バックオフィスは、一時的な受注増への対応力はある。元々、弾力性を確保しているので、大混乱を起こさずにスタッフが処理スピードを上げて対応できる。しかし、新規注文が雪崩のように押し寄せると、そもそも非効率な仕組み自体がフリーズしてしまう。

ネッツでジャンプスタート・マーケティングを始める前に、私は発券管理部門を調査した。案の定、とても非効率的だった。これは珍しいことではなく、プロスポーツチームではふつうの状態だ。部門のスタッフと話をしてみると、業務への意識は高いので、今後のチャレンジを頑張ってくれそうだと思った。だが大間違いだった。

チケットの注文が殺到するようになると、発注書が床に積み上がった。塔の高さが2メートル近くに達すると、横に新たな塔がつくられた。スタッフは長時間残業で処理を続けたものの、翌日には、低くなった昨日の発注書を土台として、また塔が築かれた。これでは最初の受注が一番下になる。古いの発注書は塔の底辺にあるため最後に処理される。先入れ後出し方式だ。

誰より先に注文したファンには、最悪の座席位置しか残っていない。

この方式は多少変更された。偶然の産物だ。誰かが発注書の塔にぶつかり、塔は崩壊して発注書があちこちに散らばった。すぐに塔の復元作業が行なわれた。書類の順序は入れ変わってしまったが、塔の底辺にあった最初の注文だけは定位置に残った。

受注処理の順番が乱れると、販売スタッフや客が「チケットはまだか」と発券管理部門に電話してきた。山積みの注文に囲まれて、その中を探し回る発券スタッフもいい気分でいられるわけがない。販売スタッフやチケット購入者にイライラし、時には両方に不満をぶつける事態も起きた。

## バックオフィスをマーケティングの武器に変える方法

注文が増えれば増えるほど、バックオフィスの人たちはジャンプスタート・マーケティングを恨むようになる。受注増は会社としては良いことだが、自分たちにとって良いことだとはバックオフィスは思っていない。給料は変わらないまま、より多くの受注を処理しなければならないのだから。バックオフィスのスタッフは、ジャンプスタート・マーケティング以前の古き良き時代を追慕する。顧客の不満が高まれば、その懐かしい状況が現実として戻ってくるかもしれないのだが……。

当然ながら、バックオフィスの責任者は「受注処理人員を増やせ」と要求する。これが「バックオフィスの掟」その2、**「フルタイムの従業員増を求める」**だ。バックオフィスをもっと効率化しようという議論は出てこない。発注書の雪山で吹雪に耐えているときには、そのような思考回路には至れないものだ。

ジャンプスタート・マーケティングによる受注増は、初速の伸びだけで終わらない。この原則を使えば使うほど従業員はジャンプスタート・マーケティングの名手になる。だから、バックオフィスの受注超過問題は終わらない。

問題が終わらないとわかっているからこそ、以下の2つの方法で、顧客の不満の種だったバックオフィスを、マーケティングの武器へと変えよう。

ここで述べる2つの方法は、同時並行で行うこと。

**①今すぐ、1000人をバイトで採用する**

めちゃくちゃに散らかったネッツのチケット部門を目の当たりにした私は「発注書の山を抜

け出すべく、バイトを1000人雇う」と宣言した。今いるスタッフの負担をこれ以上増やすわけにはいかない。即時、臨時スタッフを入れる必要があった。傍観している間に、何百人ものファンが怒りを募らせる。アンチに転ずるのも時間の問題だ。バックオフィスが非効率であるせいで、せっかくの売り上げが水の泡になるのは、あまりにも厳しい。

## ②より効率的なシステム構築に今すぐ着手する

残念ながら、長期的に効率の良いシステムの構築・導入は、一朝一夕にできることではない。バックオフィスとしては、何年もかけて非効率的なシステムを築き上げてきたのだ。動きのいいシステムに変えろと急に言われても、とんでもない話だ。そういうわけで、システムの変更や改修は、熾烈な戦いになる。それでもジャンプスタート・マーケティングによる恒常的な売り上げ増加に対応するには、バックオフィスに新システムを導入するしかない。

1000人のバイトスタッフを雇えば、バックオフィスの短期課題への手当てはできるはずだ。だがそれは絆創膏であって一時しのぎの解決策でしかない。**真の解決策はバックオフィスのシステム変更**であり、これには時間がかかる。

ネッツの場合は、現行のチケット発券システムが注文の大量処理にはまったく不向きであることが、すぐに発覚した。システムやハードウェアの変更は、すぐにはできない。発券システムのベンダー6社を調べたところ、どこにも大きな欠陥があった。どれもバックオフィスの人間が書いたプログラムに見えた。ソフトウェアでバックオフィス業務は多少楽になるが、マーケティング業務の改善には役立たないのだ。

システム変更についての会議で、私は言った。

「もう、どうしようもないな。自分たちで書こう」

案の定、バックオフィスの反撃が始まる。

担当者の1人が言った。「ゼロからプログラムを書くのは不可能だ」

おもしろいことを言うものだ。コードを書き始めた当時のビル・ゲイツとポール・アレン（マイクロソフト共同創業者）が、うちのバックオフィス人員に話を聞く機会がなくて、本当に良かったと思う。

私たちは、チケット発券ソフトの仕様を「社長耐性あり」にしたかった（馬鹿でも使える簡単仕様ということだ）。それに、ふさわしいシステム開発業者を見つけるだけでも数カ月かかった。見つかったらすぐさま、マーケティング支援機能を持つバックオフィス・システムの構築に取り掛かった。

## 自分の役目だと思ったら、他部署にも口出しをしよう

バックオフィスは、ジャンプスタートで売り上げをつくるマーケティング担当者、そして顧客の利便性に奉仕するべきだ。どうすれば、バックオフィスを顧客志向に変えられるだろうか。

ネッツのバックオフィスにチケット注文が殺到する前に、私は新方針を打ち出した。

「チケット注文はすべて8時間以内に処理すること」

迅速に処理すれば、注文の2、3日後にはチケットは顧客の手元に届く。スポーツチームとしては異例のことだ。もちろん、顧客のための方針だ。

だが、バックオフィスのスタッフは、システムは自分たちの作業が楽になるためのものだと考えがちだ。この状況では、バックオフィスだけに都合のいい早さと方法でしか作業が進まない。

ジャンプスタート・マーケティングの原則は、当然ながらバックオフィスにも適用すべきだ。

バックオフィスにその認識がなければ、それぞれの原則の効果は薄まる。もしもバックオフィ

スが非友好的、非効率、非顧客志向であるならば、ジャンプスタートの責任者が口を挟むべきだ。ジャンプスタート・マーケティングの当事者としても、企業としても、他部署に口出しをしないリーダーを飼っている余裕はない。

## 第15章　まとめテスト

①ジャンプスタート・マーケティングにはバックオフィスが必要不可欠だ。

正しい／誤り

② 1000人のバイトスタッフを雇うことは、長期的な問題解決になる。

正しい／誤り

③ジャンプスタート担当役員がバックオフィスの運営に口出しをすると、周囲に好かれる。

正しい／誤り

# 第15章

# テストの答え&解説

## ①の答えと解説

正しい。

短期的には、バックオフィスが後ろ向きでも何とかジャンプスタートは可能だ。だが、バックオフィスが変わらない限りは、いずれ失速してしまう。

## ②の答えと解説

誤り。

1000人のアルバイトを雇うのは、非効率だし面倒だ。だが、受注や出荷が遅れるよりはずっとマシなので、短期的な選択肢としては有効だ。こうして緊急事態にワンクッション入れつつ、並行してバックオフィスを、友好的で効率のいい部署へとつくり替えよう。

## ③の答えと解説

誤り。

当然ながら、各部門は身構えて神経質になる。マーケティング責任者から口出しをされて、喜んで歓迎パレードをしてくれるバックオフィスなどあり得ない。恨みを買うのは確実だ。それでも、バックオフィスには絶対にジャンプスタート・マーケティングの支援をさせるべきだ。絶対に邪魔はさせない。

# 第16章

## 捨てる顧客は選べ

## 勝てばファンが集まる!?――俗説その1

「勝てばファンが集まる」というのは、論理的に正しいように聞こえるが、間違いだ。たしかに、プロスポーツチームは試合に勝つほうがいいに決まっている。だが、勝ったら自動的に来場者が増えるわけではない。その実例は第1章で挙げておいた。さらに身につまされる実例としては、ニュージャージー州北部の1994～95年シーズンが印象深い。

そのシーズン、NHL（アイスホッケーの北米リーグ）のニュージャージー・デビルズはずっと絶好調で、やすやすとプレーオフを制覇した。同郷の我らネッツの戦績は散々で、82試合中30勝しかできなかった。それでもネッツの観客動員数は、NHLチャンピオンのデビルズより多かった。

では、翌シーズンはどうだったか。前年度の覇者デビルズには、チケットの新規購入者が押し寄せたに違いない。たしかに、デビルズの新規チケット売上は約300万ドルとなった。一方、みじめなネッツはどうだったか。その夏、ネッツは労使交渉の末、ロックアウトに直面していた。NBAのオーナー側は選手会と新たな協定を交渉しており、交渉中は、チームが選手の名前や写真を使えない状態だった。わずか30勝しかできなかったチームなら、マーケティング上、選手を出さないほうが有利に働くのではないか、と思うかもしれない。でも、マイケル・ジョーダンやシャックなど他チームのスターを使ったプロモーションも打てないのだ。本当に痛手だった。新規入場者売上はわずか400万ドルにとどまった。それでも、NHLの王者デビルズよりも100万ドルは多い。

というわけで、俗説その1は棄却しよう。

## チームが弱いと、どんなサービスを提供しても、集客できない!?――俗説その2

繰り返すが、勝てればそれに越したことはない。NHLで黄金期を築いたエドモントン・オイラーズのように7年で5回の優勝を果たせば、最高のマーケティングになる。

だが、この俗説も正しくない。

エドモントン・オイラーズにとっては勝利がすべてだった。勝つことこそ最高のマーケティングであり、勝てなくなったら、どんなカスタマーサービスをしようと観客動員数は維持できないと考えていた。オイラーズはそれを身をもって証明しようとした。実際には、その考えは間違いなのだが。

　オイラーズの連覇中、年間シート販売数が減少していた事実にチームは気づいたはずだ。ここで警鐘を鳴らすべきだった。危険フラグが立っていたはずだ。なのに、オイラーズは、勝てば問題は解決すると思い込んでいた。その後も集客は落ち込み続けた。最後の優勝から3年経たずして、オイラーズは深刻な財政難に陥った。

　私は11年間ポートランド・トレイルブレイザーズにいたが、その間にオイラーズみたいになるのだけは御免だった。在籍中、ブレイザーズは、オイラーズのようには優勝できなかった。チームの戦績は凡庸で、勝ち星の貯金は少ししかなかった。それでも11年間、本拠地開催試合はすべて完売できた。これにはカスタマーサービスが一役買っていたと思う。

## 優良顧客への満足度を上げる

「スポーツチームにまともなカスタマーサービスなど期待できない」ということが常識になっている。チケット販売員がファンに雑な態度を取ることは有名だ。アリーナの券売所に並んだ経験があればご存じだろう。

　ポートランドで、私たちはその真逆を目指した。例を挙げてみよう。

ブレイザーズの年間シート購入者の1人が、カスタマーサービスに電話をかけてきた。

「チケットを机の引き出しにしまったまま、出掛けてしまったんだ。重要な取引先が出張で来ているので、渡す約束をしていたのに」

この手の電話は、たいてい試合開始の1時間ほど前にかかってくる。スタッフは顧客名をコンピューターに入力した。仮にジョーンズさんだとしよう。保有座席の位置も特定できた。

「ジョーンズさん、チケットをお渡しする予定の場所はどちらでしたか?」と、ファン満足担当CEOは尋ねる(私たちはカスタマーサービス部門を「ファン満足部門」に改名し、全員にCEOの肩書きを与えた。各スタッフはどんな問題も解決できる能力と権限を持つ)。

「相手のホテルに預けておくつもりだった」とジョーンズさんは言う。

「問題ございません。観戦チケットを再発行して、VIP席の窓口に置いてある旨を、こちらからホテルにお電話してお伝えしておきます。あるいは、もしご希望でしたら、ご本人にお電話を差し上げたうえで、ホテルまでタクシーでチケットをお届けしましょうか」

「タクシーで届けてくれたら、すごく助かるよ。タクシー代は私に請求してくれ」

「その心配には及びません、ジョーンズさん。お役に立ててうれしいです」

スタッフは、その試合限定のチケットを発券した。クライアントに届けるのにタクシー代は10ドル程度かかるが、まったく問題ない。年間シート保有者の全員に毎試合起こるケースではないのだから。1シーズンで1人あたり20ドル程度の負担だ。20ドルの支出で、2万ドル相当の年間シートの更新が、ほぼ確実に保証されるわけだ。

「チームの野球帽を全員にプレゼント」などの施策で、観客全員に等しく10ドルを使っても、それほどの収益インパクトは起こせない。私たちは単にジョーンズさんに10ドルを使っただけではなく、彼にとって重要な問題を解決したのだ。

ブレイザーズの戦績はその後もぱっとしなかった。興味本位で、ジョーンズさんのアカウントをチェックしてみると、彼は5年間で6万ドルもチームに使っていた。タクシーの件がなくても、年間シートの更新は続けていたかもしれない。でも、毎年の年間シート契約更新の際に、平凡な戦績以外のセールスポイントがチームにあったことは間違いない。ジョーンズさんの肩にとどまる守護天使のように、カスタマーサービスの良い思い出を、彼に残すことができたのだ。

## 考えなしに顧客を捨てていないか?

本章のポイントをわかりやすく説明するために、私は「ビジネスあるある」をあれこれ考えていた。たとえば、「参加者が10人以上いる会議では発言しない」というのはよくある。「バカンスの出発日が近づくと、休暇を取るのは無理だなと思えてくる」のも、ありがちだ。なぜ仕事のトラブルは、休暇の直前にばかり起きるのだろう。「重要な会議に向かう機内ではコーヒーをこぼしがち」というのも、そう頻繁ではないにせよ、まま起きる。

しかし、「ビジネスあるある」の最たるものは、常連客がいなくなることだ。これは思いもしないときに起きる。何もしなくても、ただ座っている間にも、顧客は離れていく。

ご存じのとおり、新規顧客の獲得には大変な労力が必要だ。ジャンプスタート・マーケティングを使えば多少は楽になるが、それでも新規顧客の獲得には知恵も努力も必要だ。

新規顧客の獲得がいかに大変か、私はニュージャージー・ネッツで身をもって学んだ。難易度を10段階評価（1が最も簡単で10が最も難しい）で表すとすれば、ネッツの顧客獲得の難易度はそれ以上の12だ。15かもしれない。

新規顧客獲得を課題とする企業に、コンサルティングで入った経験もある。難易度9の企業でも仕事をした。ネッツに比べれば簡単に見えるだろうが、新規顧客の獲得は決して簡単ではない。私自身、簡単だと思ったことは一度もない。

それだけ新規顧客獲得の難しさを知っている私としては、企業がやすやすと既存顧客を捨てているのにはいつも驚かされる。意図的に顧客を排除しているケースの話ではない。優良顧客を競合他社に奪われたり、単に逃してしまう場合のことだ。

どうやら企業はどの顧客を捨てるかを、考えなしに選択しているらしい。しかも、小額の取引相手を選んで捨てている企業は稀だ。残念ながら、たいていは大口顧客を捨てている。とはいえ、わざわざ大口顧客をピックアップして追い出しているのではない。単に、捨てる顧客の序列が方針化されていないのだ。

ジャンプスタート・マーケティングの原則を使えば、新規顧客を獲得できる。ジャンプスタート・マーケティングの効果を活かすには、新規顧客を継続顧客と入れ替えるのではなく、既存顧客を維持しつつ、新規取引を〝上乗せ〟したいところだ。そのためには、どの顧客を捨てるかの序列を持つ必要がある。自社を捨てるかの選択を顧客にはさせない。選ぶのは我々、企業の側なのだ。

## なぜ企業は、顧客の捨て方を見誤るのか？

企業は顧客の捨て方を誤るが、その理由は2つある。あなたが企業経営幹部なら、以下の2点は自分には関係ないと思うだろう。そう思ってくれていい。「なんと愚かな会社もあるもんだ」と思いながら読み進めてくれればいい。

この章を読み終えたら、第9章を読み返してみてほしい。そこで挙げられた習慣をいくつか試せば、顧客との距離が近くなる。すると残念なことに、ここで挙げる2つの理由に思い当たる節が出てくるはずだ。「うちの会社もちょっと愚かだったかも」と気づく。自社がこれまで何も考えず顧客を手放してきた事実がやっとわかるはずだ。

では、2つの理由を見てみよう。

### ◎客の大小を区別していない——理由①

この問題を、航空会社はマイレージ・プログラムによって解決した。私はユナイテッド航空で年間10万マイル以上飛んでいるが、通常の業務範囲を超えたサービスを受けている。やりすぎじゃないかと思うほど、行き届いている。

たとえば、長距離のフライトでは、CAが機長の名刺を届けてくれる。裏には機長の手書きで、自社を選んでくれたことへの短い感謝の言葉とサインがある。

個別の気配り、無料航空券、無料アップグレードなど、ユナイテッド航空を使えば利益が得られる。もう他の航空会社に乗り換える気にはなれない。

でも、その旅費の支払いに使っているクレジットカードの会社については、これが当てはまらない。

出張が多いと、経費の管理が面倒になる。それが少しでも簡単になる仕組みを考えた。特に複雑な仕組みではなく、単に、VISAカードの1枚を業務経費専用にしただけだ。昨年は、そのカードで5万ドル以上を使った。

当然、そのカードの提携銀行は、私を優良顧客として扱ってくれると思うだろう？　そうしている銀行は多いようだ。毎日のように、さまざまな銀行から提携VISAカードのメリットを伝えるDMが届く。そのうちDMに100ドル札を入れて送ってきそうな勢いだ。これまでは開封もせずに捨てていた。でも最近は、開封して内容を読むようになった。乗り換えるつもりだからだ。理由？　私が今使っているVISAカード提携の「大手銀行」が、顧客の区別をしていないからだ。

## 大手銀行が顧客の区別に失敗した実例

彼らがどのように顧客の区別に失敗したかを紹介しよう。

珍しく家にいた夜、「大手銀行」の担当者から電話がかかってきた。先月の支払いがまだだと言う。もちろん、自分は支払ったとわかっている。いつも請求書が届いたら全額を支払っているからだ。でも、私は律儀にも支払いの履歴を見た。ほらやっぱり、支払い済みだ。でも、銀行は受け取っていないという。話しているうちに、私が古式ゆかしい「今送ったところです」方式で相手を騙している気がしてきた。

その「大手銀行」の人は、「最低額の70ドルが入金されるまではカードを停止します」と言う。そこで私は考えた。

借金踏み倒し野郎だと思われないよう、感じのいい大学教員に聞こえるように、こう尋ねた。

「そちらのコンピューターに私の口座情報はありますか？」

「はい」と彼女は答えた。

「私は優良顧客に該当しますか？」

「それは答えられません」と彼女は言った。

「ふむ、仮に私が優良顧客だとしましょう。誰もが年5万ドル、カード決済するわけじゃないでしょう」

黙っている。

「70ドルを理由に私を切り捨てるの？」

「そうなります」

「私は優良顧客なのに？」

「他のお客様と違う扱いをするわけにはいきません」と彼女は言った。「弊行は、皆様に同じ対応をしています」

それについて考えたのだが、同じ銀行でも新規口座の担当営業は、全員を同じようには扱っていない。銀行が新規顧客開拓で名簿を購入する際には、収入や年齢など一定の条件を設定しているはずだ。

既存顧客も同じように扱ってもいいのでは？ 入金に不備があった場合、大口顧客にはコンピューター上でフラグが立っていて、相応の対応をするべきじゃないの？ 私はそれを確認しようとした。

私は銀行の頭取に手紙を書いた。2週間後、頭取のアシスタントの、さらにアシスタントから返事が来た。ここにも象牙の塔コンプレックスが働いたのだろうか。頭取のアシスタントのアシスタント曰く、「私の手紙をカスタマーサービスに転送します」とのことだった。そして、カスタマーサービス担当役員は、「同行には従うべきルールがある」という書状を送ってきた。「70ドル払わないなら、さようなら」ということだ。

ルールだって？ そのルールは大口顧客にも適用されるのか。まさか。大口顧客の新規獲得は非常に困難なのに。

大口顧客に適用されるべき唯一のルールは、これだ。

「問題を突き止めて、解決の手助けをすること」

私のケースでは、「大手銀行」は問題に無関心だった。彼らの関心は70ドルだけにあった。その代償が5万ドルだ。先述の唯一のルールをその銀行が運用していたら、会話はこうなっていただろう。

＊

「12月7日に送りましたよ」と私は言う。

「スポールストラさん、現時点ではまだ確認できておりません」と、カスタマーサービス担当者は言うだろう。そして、こう続けるはずだ。

「でも、クリスマス時期は郵便が遅延することもありますよね。こちらはお待ちしますね。1週間ほどで届くでしょう。その間に次の請求書が届きますので、通常どおりお支払いください。12月7日のお支払いについてはまだ請求書に反映されておりませんので、請求額から12月7日分を差し引いた金額をお支払いいただければ。万が一、送っていただいた小切手が届かない場合には、改めてご連絡いたします。その場合は、最初の小切手をキャンセルして、再度お手続きをお願いすることになります」

＊

「なぜこんなサービスをするのか、人手も電話代もかかるのに」と思うかもしれない。たしかに多少の手間はかかる。けれど、5万ドルの新規口座を獲得するには、どれほど人手と経費がかかることか。大口顧客の新規獲得よりは、既存顧客の問題を見つけて解決のサポートをするほうがずっと安上がりだ。

例の「大手銀行」は、顧客の大小を区別していなかった。なにも、「小口の客を粗末に扱え」と言っているのではない。一人ひとりが大切に扱われるべきだ。

ただし、大口顧客はさらに良い扱いを受けるべきだ。何百、何千、何万と顧客がいたとして、大口顧客をどうやって区別するのか？　「大手銀行」には簡単なことだ。大口顧客とのコミュニケーションが必要な際には、常にコンピューター上に重要フラグを出せばいい。フラグが立ったら、「さらに良い」サービスをするわけだ。

## ◎すべての客を詐欺師のように扱う――理由②

1つ目の理由と似ていると思うかもしれない。たしかに、多少は関係している。

カスタマーサービス関連の本は何百冊も出ているのに、顧客を詐欺師のように扱う企業が増えたと感じる。ニュージャージー・ネッツのコンサルタントに着任した当初、こんなことがあった。

ある日、私はネッツのチケット販売部門にふらりと立ち寄った。この部署は、チケット受注とカスタマーサービスを担当していた。その日は、スタッフの1人が電話で激しく議論していた。私はそばに立って聞いていた。ようやく、彼女は「しばらくお待ちいただけますか」と顧客に言った。

彼女は私を見た。

「どうしましょうか。この人はお金を騙し取ろうとしているんです」

彼女がこれほどネガティブに、感情的になっていることに私は驚いた。彼女は楽しくて魅力的な性格の人だ。この電話を除いては。

手短に問題を教えてもらった。このファンは1試合のチケットを8枚購入していた。何らかの理由で行けなくなった。さらに悪いことに、チケットを紛失してしまったと言う。それで、紛失したチケットを別の試合のチケット8枚と交換してほしい、と言ってきたのだ。たしかに図々しい要求ではある。チケット販売業に携わる人の常識では、当該イベントに使われなかったチケットは失効するし、チケットを紛失したら、間違いなく、それで終わりだ。

「別の試合のチケットを8枚あげなさい」と私は言った。

「どうして！　私たちから金を騙し取ろうとしているのに」と彼女は抗議した。

「それでいい。騙し取らせてやろうじゃないか」

このスタッフは、ファンに騙されるままに、別の試合のチケット8枚を発券した。電話を切ったあと、私たちは話をした。

「この人が金を騙し取ろうとしていたって、どうしてわかるの？　相手を知っている？」と、私は尋ねた。

「騙してる感じがしたから」と、スタッフは言った。

「もし彼がちゃんとしたお客様だったら？　詐欺師と真っ当な客を電話で見分けるのはほとんど不可能だ。なぜ決めつけるの？」

私は彼女に、「詐欺」だと判断するような案件が1シーズンに何回あったかを尋ねた。

少し考えて、「20人くらいです」と彼女は言った。

「詐欺をさせてやれ」と私は言った。

「昨シーズンはチケットが25万枚売れ残った。詐欺師に10枚ずつ渡しても、まだ24万9800枚は売れるよ」

販売スタッフには、裁判官や陪審員ではなく、「カモ」を演じてほしかった。詐欺師に騙さ

**れる被害者になればいい。**

「同じ名前がまた出たら教えてくれ。あるいは、インターネット上で詐欺師がネッツのチケット入手方法を公開していたら、それは突き止めよう。そうでなければ、とりあえず騙されておこうじゃないか」

**ネッツのチケット販売スタッフが鈍感なカモを演じるようになって以来、サービス満足度は爆上がりしてグラフの頂点に達した。**スタッフはどんな問題に対してもチケットを発行し続けた。彼らはヒーローになりつつあった。チケット配布枚数の記録をつけていたが、1シーズンで2000枚にも満たなかった。まだ売れるチケットは24万8000枚も残っている。

私は8枚のチケット「詐欺」をしたファンを追跡した。何年も履歴を追ううちに、少しずつ彼のことがわかってきた。彼はついに年間シートを8000ドルで買ったが、それ以前にも3シーズンで1万ドル以上のチケット購入履歴があった。

そのファンは、本当にネッツから8枚のチケットを騙し取ったのだろうか。もはやどうでもいい話だ。彼は以降4シーズンで総額1万8000ドルのチケットを購入したのだから。チームの成績を見れば、「騙したのはどっちだよ?」といいたくなる人もいるだろう。

## 10秒でつくった「対応マニュアル」の中身

例の販売スタッフは、私に言った。

「詐欺師にチケットをあげるのは正直、気が乗らないけど、やりますよ。でも、こういうとき用の対応マニュアルが必要なんです」

私は同意して、彼女にペンと紙を借りて書き始めた。

書き終わると、セロテープをちぎって、その紙を壁に貼った。

こう書いてある。

〝問題を突き止めて、解決の手助けをすること。〟

「それだけ?」彼女は尋ねた。

「そのとおり」私は言った。

そろそろ2つの理由の関連性が見えてきただろう。

私はどんな顧客も失いたくない。でも、顧客が離れることは避けられない。顧客は引っ越すこともある。リストラで失職することもある。そして悲しいことだが、亡くなる場合もある。

ポートランド・トレイルブレイザーズでは、年間シート購入者の弔事がすぐわかった場合には、献花を出していた。これはマーケティング目的ではなく、企業としての想いでやったことだ。

企業は、顧客を失うのは止められないが、小口顧客との差別化によって、大口顧客の流出は防げる。大口顧客を失うことは本当に痛い。大口の契約を失えば、収益は一気に悪化し、ジャンプスタート・マーケティングによる成果が小さくなってしまう。理由もわからず、なんとなく大口顧客を失うのは何よりの痛手である。

## 第16章 まとめテスト

①企業が捨てるべきでない顧客を捨てる理由を２つ挙げよ。

A ＿＿＿＿＿＿＿＿＿＿＿＿＿＿＿＿＿＿＿＿

B ＿＿＿＿＿＿＿＿＿＿＿＿＿＿＿＿＿＿＿＿

②大口顧客に対応する上での唯一のルールとは何か？

# 第16章 テストの答え&解説

## ①の答えと解説

企業が捨てるべきでない顧客をわざわざ捨てる理由は2つある。

A　客の大小を区別していない。

すべての従業員が平等だと考えるのが愚かなのと同じように、すべての顧客が平等だと考えるのは愚かなことだ。人権の話をしているのではない。ビジネスにおける重要性の話だ。たとえば、営業成績がダントツのスター従業員が、会議によく遅刻してくる場合、遅刻癖を理由に、そのスーパースターを解雇することはない。違う従業員は遅刻を理由に解雇されるかもしれない。顧客であれ、従業員であれ、企業にとって利益が大きい人は大目に見てもらえるものだ。これを無視して、大口顧客と小口顧客、あるいは営業部門のスーパースターと怠け者を区別せず扱うのは、一見、公平で公正なようだが、ビジネスとしては下手を打っている。

B　すべての顧客を詐欺師のように扱う。

私のお気に入りの対処法は、「鈍感なカモであれ」だ。顧客を勝たせてあげよう。しばらくカモを演じているうちに、自社が鈍感で善良なカモであればビジネスがいい感じで回るのを実感できるし、詐欺師のような客は減っていくものだ。

## ②の答えと解説

問題を突き止め、解決の手助けをすること。

もちろん、これはあらゆる顧客に対して有効だ。とりわけ大口顧客には、問題解決にちょっとしたセンスを加えるべきだろう。
たとえば、私が遭遇した「大手銀行」の事例では、アシスタントのアシスタントが手紙をよこすのではなく、私が手紙を書いた相手、すなわち銀行の頭取から返信が来たら状況は違っただろう。

こちらが時間を割いて社長宛に手紙を出したのだから、本人が返事をくれて当然だ。そりゃ、社長が忙しいのはわかっている。でも、私だって忙しいのにわざわざ時間を割いたわけだ。アシスタントが手紙を代筆して、社長にサインをもらい、カスタマーサービス担当役員に渡すことくらい簡単にできたはずだ。サイン以外は、アシスタントからの手紙と何も違わない。手紙の追伸に、今後何か問題があれば社長に連絡してほしい旨が書かれていれば、さらに好印象だ。

どうせ社長は私の手紙を見てもおらず、アシスタントが代理で返事をしたのだろう、とそのときは思うかもしれない。でも、そのうちにきっと社長が直々に手紙を書いたはずだと思えてくる。

その場合、私はその「大手銀行」を捨てるだろうか？ そんなわけがない。社長と私は良い仲間で、ペンフレンドなのだから。

# 第17章

# 経営が厳しいときほど、営業を増やす

## 米国プロチームにあって、米国以外のプロチームにないもの

スペインのプロバスケットボール・リーグ（ACB）が、バルセロナ拠点チームのオーナー向けに1日マーケティング・セミナーを開いてくれ、と頼んできた。私は承諾した。

言語の違いを克服するために、ACBは首相の個人通訳を雇ってくれた。彼は私の背後にある防音室に座り、イヤホンをつけたオーナーたちに向けて、私のしゃべりをその場で通訳してくれた。とてもいい仕事をしてくれたと思う。

私は、通訳の技量をユーモアで判断している。ユーモアをうまく訳せるなら、何でも訳せるはずだ。早めにその通訳をテストしてみた。短い冗談をいくつか投げて、オーディエンスの反応を確かめたのだ。聴衆が微動だにせず座っていたら、そのネタがおもしろくなかったか、あるいは通訳がしくじったかだ。オーナーたちは笑った。よし、行けるぞ。

米国以外のプロスポーツチームには、米プロチームにある1つのことが欠けている。マーケティングだ。スペインだけでなく、日本、ブラジルでも同じ状況だ。ACBはバスケットボー

ルリーグとしては世界でNBAに次ぐ位置にあるが、各チームとも、マーケティング強化はこれからだった。

その点を強調し、私は各チームに1人は必ずチケット営業スタッフを確保するよう勧めた。

米国以外ではスポーツチームのほとんどが、「ファンは試合を見たければ勝手に来る」と思い込んでいる。選手年俸が高騰する昨今のビジネス環境では、その考えはもはや通用しない。世界中どのチームでもマーケティングは必要だ。

## 営業スタッフの増員と観客動員数の関係

これをわかってもらうべく、私はスペイン・ペセタの札束を取り出した。100ペセタ札を1枚掲げて、聴衆に尋ねた。

「誰か、私がこの100ペセタ札をあげるから、10ペセタくれませんか?」

スペイン人たちは一斉に私を見た。気でも狂ったのか?　それとも通訳が言い間違えたのだろうか、と。

もう一度繰り返した。

「この100ペセタ札で10ペセタをくれる人は?」

私はお札をヒラヒラさせながら部屋を歩き回った。

オーナーの1人が、ポケットから10ペセタ硬貨を出して手を挙げた。私は飛びついた。交換を終えると、もう1枚10ペセタ硬貨を持っているかと彼に尋ねた。持っていたら、もう1枚100ペセタ札を渡すよ、と言って、また札を振った。

彼はもう1枚硬貨を取り出したので、交換した。私がもう1枚100ペセタ札を出す頃には、彼の手には次の10ペセタ硬貨が握られていた。他のオーナーたちも10ペセタ硬貨を手に持って、このクレイジーなアメリカ人を利用してやろうと笑っていた。

私は同じ人と3回交換を続けた。そして、「100ペセタ札で10ペセタをくれるのを、いつやめるつもり?」と尋ねた。

私は100ペセタの札束を掲げてみせた。

相手は言った。

「あなたの100ペセタ札がなくなるまでは、10ペセタ硬貨を渡し続けるさ」

「そのとおり!」

私は言った。「正解です」

「それなら、チケット営業スタッフを雇うべきですよね?」と私は尋ねた。

「チケット営業スタッフは10ペセタ硬貨を渡すだけで100ペセタ札を持ってきてくれる。営業スタッフは一年中100ペセタ札を獲ってくるが、あなたはその都度10ペセタ負担するだけです。スタッフを2人雇えば、100ペセタ札を持ってくる人が2人になる。3人雇えばどうなります？」

会場にいたオーナーのうち数名は、私のメッセージを受け止めた。

1年後、ACBから各チームの観客動員数が送られてきた。**営業スタッフを採用したチームはどこも50％以上の大幅増**を示していた。**営業スタッフを雇わなかったチームでは、5％以上の動員増加は皆無**だった。

私の100ペセタ札をすべて手に入れたオーナーは、営業スタッフを**3人**雇った。その年、彼は他の誰よりも10ペセタ硬貨を使い、大量の100ペセタ札を手に入れた。シーズン終了後、彼からファックスが来て、小包を2つ送ったとのことだった。

1つ目の小包が金曜日に届いた。額入りの100ペセタ札が入っていた。100ペセタ札の下には「私は交換をやめなかった。感謝」と刻印があった。額入りの100ペセタ札を受け取って、私はとてもいい気分になった。

それにしても、2つ目の小包には何が入っているのだろう。郵便を待つ以外やることのない老人のように、私は届くのを待ち侘《わ》びていた。

そして、月曜になった。もう1つの小包の中身も、やはり額入りの100ペセタ札で、こちらも文字が入っている。
「あなたの戦略を自分の事業に応用して、こちらも交換をやめなかった。感謝」

## コスト削減の対象を誤ってはいけない

ホッケーのマイナーリーグ所属の某チームは、チケット営業スタッフを確保する余裕がないと考えていた。1人も雇えない、と。そこで彼らは、地元に新設された巨大アリーナを1試合だけ使うことにした。その1試合に6万ドルの広告費をかけて、ファンを集めた。通常の観客数は5000人ほどだが、その日は9000人が集まった。チケットの平均単価は8ドルで、1試合あたりの興行収入としては3万2000ドル増だった。

そのオーナーが私に意見を求めてきた。

「もし広告費の6万ドルでチケット営業スタッフを雇っていたら、おそらくシーズン売上は60万ドル伸ばせていたでしょう」と私は言った。

シーズン60万ドルと3万2000ドル、あなたならどちらを選ぶだろう?

ここではスポーツチームを例に挙げたが、他の業界でも似たような発想はよく見かける。他業界にも、プロスポーツと同様、固定費が存在する。プロスポーツチームの場合、主な固定費は商品、つまり選手だ。選手の人件費でチームの総収入の70%が消える。

どんな企業にも、財務の引き締めが必要な時期は来る。たいていは商品の製造まわりのコストを削減することになるが、商品なくして会社は存在できないので、それには限界がある。

プロスポーツの場合には、少し様相が異なる。商品関連のコスト削減は検討もされないのがふつうだ。プロリーグ全体では商品コストを抑えるためにサラリーキャップ制度を導入し、各チームの年俸総額に上限を設定しているのだが、それでも各チームのGMは、年俸制限を逃れる方策を夜も寝ずに考えてまで、商品コストを多く使おうとする。商品コストを下げる方法を寝ずに考えたというGMには、いまだ出会ったことがない。

結局、一般企業でもプロチームでも、**コスト削減となると、まずは商品以外のコストがターゲットになる**。これは営業スタッフやマーケティング担当者の削減を意味することが多い。

## 苦しいときこそ、営業スタッフを増やす

無茶な金遣いで身を滅ぼすタイプのチームでコンサルティングをしたことがある。

こういうチームは3番手の選手に130万ドル払うくせに、営業スタッフの補強には5万ドルも出せないとオーナーがいうのだ。何なら、営業部の若手を解雇して2万ドルを捻出するなどと言い出す。この発想は馬鹿げているが、メジャースポーツ界ならではの愚かしさかと思いきや、こうした愚行を犯すのはプロチームだけではない。

「弊社は売り上げが落ちていましてね」

長距離便の機内で、隣の席の某企業幹部とオフレコの話をしていたとき、相手が言った。

「それでどんな対策を？」と私は尋ねた。

「経費削減ですよ。だから、ファーストクラスに乗ろうと思ったら、自分でマイルを使うしかない」と、その幹部は語った。

「あとは、そうそう、営業スタッフの解雇とマーケティング費用の削減をやってます」

プロスポーツ業界じゃあるまいし、と私は面食らった。

馬鹿げた事例のほうが論点がわかりやすいこともある。

そこで、困難な状況こそ、固定費以外の出費を増やすタイミングだと、MLBを例に説明したい。そう、「苦しいときこそ、変動費を増やすべし」なのだ。

馬鹿げた事例は、ワールドシリーズが中止となった1994年の10月に始まる。MLBのオーナーも、NBAに倣ってサラリーキャップ制度を導入して固定費を下げようとしていた。これ自体は別に馬鹿げた話ではない。MLBの各チームは、金遣いの荒さで身を滅ぼしかけていたのだ。もちろん、選手会は交渉すら拒否した。それで、シーズン終盤のペナントレースもワールドシリーズも、すべて中止となった。

膠着《こうちゃく》状態は冬を越えて春まで続いた。春季キャンプも非開催だ。メディアは、1995年はシーズン自体がなくなると予測していた。チームはいったいどうすればいいだろう。

大半の球団は、選手のサラリー以外の費用にターゲットを絞ってコストカットを行なった。ただし財務や広報、経営幹部はターゲットにならなかった。チケット営業スタッフに狙いが絞られた。営業部門を丸ごとリストラしたチームも多い。野球がないならチケット営業スタッフはいらない、「苦しくなったら変動費を減らせ」というのが合理的だと考えていたわけだ。

だが、メジャー球団のチケット販売活動は大半がオフシーズンに行なわれる。シーズン終了後、来季に向けて地道なマーケティング活動が始まる。実際、球団のチケット収入の8割はオフシーズンの6カ月に売られたものだ。

ワールドシリーズが中止に終わった1カ月後、ある球団のオーナーが私に相談の電話をかけてきた。当時の私はニュージャージー・ネッツで社長をしていた。

「営業スタッフを増やせ」と、私は言った。

「何だって？」

電話がよく聞こえなかったんだろう。

「営業スタッフを増やせ」と、私は繰り返した。

「いずれは野球が再開される。チケット販売をせずに冬を越したら、何百万ドル、何千万ドルを失うことになるぞ」

「しかし、交渉の進み具合からして、1995年シーズンは大半が開催されないかもしれない。それをわかっていて前売り券を買う人はいるかね。そんなハンデがあってチケットを売れる人がいると思うかね」

たしかに、厳しい状況ではあった。

「ファンに必要なのは保証だ。ファン側のリスクを除去するしかない。保証があれば営業活動はできる」

こちらNBAでも、選手会との交渉は難航中だった。もし何らかのストライキが起きたらどうするか、ネッツではすでに戦略を練ってあった。ファンに対して次のような保証を行なうつもりだった。

試合中止の場合、プライムレートの金利をつけて返金する。

ストライキで試合が中止となった場合、年間シート保持者（および他の前売り券購入者）には、ネッツへの支払い額にプライムレートの金利を乗せて返金することにした。金利は、購入者が代金の全額を支払った時点から計算される。

ストライキの危機が現実化する気配が強まり、保証の準備も整ったとき、年間シート購入者の1人が私に電話をかけてきて、シーズン全試合が中止になる見込みがあるかと尋ねた。

私が理由を聞くと、彼はこう答えた。

「だって、プライムレートの金利のほうが、自分の銀行利息よりいいからね。全試合中止になるなら、年間シートを買い足そうかなと思って」

このネッツの方針をMLB球団のオーナーに説明した。電話口で、ざっと計算してみた。球団にとっては、保証費用は「はした金」だ。1試合あたりのチケット価格は15ドル、プライムレート金利でたったの25セントだ。もしストライキが主催ゲーム全81試合で続いた場合、年間シート購入者が受け取る利息は20・25ドルになる。

これは保険としては安い。労使交渉が不透明な状況で、顧客の信頼を得るには安いコストである。

「保証があれば、営業スタッフはすぐに売ることができる。試合があれば最高だ。ファンは望んでいた野球観戦ができる。もし中止の試合があっても、ファンに金銭的ダメージはない。それどころか、得になる」

電話の向こうでは沈黙が続いた。

ようやくオーナーが口を開いた。

「まだ考えているところだ」

さらに沈黙が続いた。

「代替選手の話が出ていてね」とオーナーはいきなり言った。「ほら、選手会に非加入の選手がいるだろう。去年プロでプレーしてないマイナーの選手とか」

「保証項目を増やそう」と私は言った。オーナーは私が本気で頭がおかしいと思ったに違いない。

「試合に出る選手の大半がメジャーリーガーの場合だけ、ファンはチケット全額を払うという仕組みにすればいい。選手会非加入の選手ばかりの試合なら、大幅に払い戻しをしよう。だって、非加入者との契約は数百万ドルにならないでしょ。これなら前売り券も売れるはずだ。もちろん、こうした保証をつけても、チケット営業は大変だとは思う。労使問題のネガティブな報道のせいでね。だから、去年並みの売り上げを維持したいなら、営業スタッフを増やすしかないよ。でも、**とりあえず売り上げはつくれる**はずだ」

また沈黙だ。

「その案は検討する。また電話で相談させてくれ」と、オーナーは言った。

電話はかかってこなかった。このオーナーは他のMLB球団オーナーと同じことをした。チケット営業スタッフを増員せず、全員を解雇したのだ。

1995年4月、連邦裁判所は野球の再開を命じる判決を出した。各チームは、遅巻きながらの春季キャンプ短縮版を大慌てで実施した。春季キャンプでは、贔屓チームがレギュラーシーズンに向けて準備する姿を見ようと、大量のファンが渡り鳥のようにフロリダやアリゾナに集まってくるものだが、この年は春季キャンプの遅れにより、ファンの「飛来時期」はすでに終わっていた。おざなりな春季キャンプから2週後には公式戦が始まった。この2週間で、各球団は慌てて営業スタッフを集めた。急ごしらえの営業チームが、通常6カ月かけてつくる売上高を2週間でつくる羽目になったのだ。

野球が突然始まって、多くの球団では前売り券収入が4割もダウンした。こうした球団はチケット営業スタッフを解雇していた。そのため、年間シート更新の請求対応ができるスタッフもいなかった。年間シート更新の請求書と、ひどい評判だけが残った。年間シート非更新者の穴埋めとして新規顧客獲得をする営業スタッフもいなかった。

私に電話してきたオーナーの球団は、通常1シーズンで40万席分の団体観戦券を販売していた。うち約9割はオフシーズン期間に販売されていた。例のシーズンが開幕した時点で、団体チケットは1枚も売れていなかった。

結果、彼の球団は団体チケット約10万枚を大幅値下げで叩き売った。例年約300万ドルだった売り上げは、60万ドル以下まで落ち込んだ。

報道によると、同球団は1995年シーズンに約1500万ドルの赤字を出したらしい。営業スタッフのコストは通年で50万ドル程度に収まったはずだ。歩合給、福利厚生などを入れた額だ。営業スタッフの強化をしても10万ドルほどの追加コストで済んだだろう。

結局は、今すぐ払うか、あとで払うかの話だった。この事例では、営業スタッフに約60万ドル払うか、営業スタッフを0人にして1500万ドル赤字をつくるかだった。

## 困難なときにも、調子のいいときにも使えるマーケティング

昨今は、財務状況が悪化したら解雇するのが流行っているようだ。

もちろん、一時的にウォール街を落ち着かせるには、解雇は手っ取り早い手法ではある。経

営者が斧を握って従業員の首を斬りまくるのはマッチョで良いと考えているCEOもいるほどだ。そのマッチョさはウォール街にも受ける。そういうCEOは、従業員の解雇を賢明かつ安全な行為だと思い込んでいる。

だが、よほど切羽詰まった状況を除けば、**人員削減は収益悪化の原因を見えづらくする**だけだ。CEOは収益不足の原因を自分以外の何かに求めたがる。経営陣がすぐに景気のせいにするのは、そうしておけば楽だからだ。これによって、ジャンプスタート・マーケティングの必要性に気づくのが、さらに遅れるわけだ。ジャンプスタート・マーケティングを先送りにすれば、人員解雇が加速し、最終的にはCEOが解雇されるだろう。

たとえ景気が原因であれ、**事業状況が苦しいときこそ、ジャンプスタート・マーケティングを使うタイミング**なのだ。これは営業スタッフの増員を意味することも多い。

では、市況も良く、事業状況も上向きのタイミングでジャンプスタート・マーケティングの原則を使ったら？　それはもう、すごいことになる。そのときウォール街がどう動くかはおわかりだろう。

## 第17章 まとめテスト

①経営が苦しいとき、ついやりがちなのが従業員の［　　］だ。だがより良い戦略は、営業スタッフを［　　］することである。

②営業スタッフ1人あたり、コストは10ドルで、売り上げ100ドルをもたらす場合、営業スタッフの増員をいつ止めるべきか？

# 第17章 テストの答え&解説

**①の答えと解説**

解雇／採用

事業が快調なときの経営は、豪華なリゾートでの1カ月のバカンスのようなものだ。すばらしく豪華な食事がふんだんにあり、脂肪とカロリーもたっぷりだ。旅行中は楽しんで、帰ったらまたダイエットすると言う人がほとんどだろう。このように、経営状態が良ければ、企業は肥大化しがちだ。その後、ダイエットに励むわけだが、さすがに断食などは行なわれない。欠員が出てもポジションを埋めないのが、企業にとってのダイエットだろう。しかし昨今では、企業はダイエットもせずにいきなり外科手術を検討する。脂肪の切除だけでなく、骨を断つような大手術を選ぶのだ。

そもそも、事業状態が良いからといって、やみくもに採用しないことが自社のためである。私の場合は、かかわった事業はだいたいが驚異的に成長するので、事業状態が良いときに非営業以外のスタッフを採用する経験則ができた。

まずは、優れた勤労倫理を持つ人を雇うこと。これが最重要だ。こうした人が採用できたら、業務量と機会をしっかり与えて挑戦させる。一定期間ハードワークをさせて、これ以上は成長が鈍化しそうなところまで来たら、そこで初めて、負担軽減のために追加人員の採用を行なう。これなら、新人向けの業務はすでに存在している。10人分の仕事を8人でやっている状態で9人目を雇うわけだ。そうすれば、9人で11人分の仕事ができるようになる。

この採用方針でいけば、営業以外のスタッフがダブつくことは起きづらい。

**②の答えと解説**

少し前のこと、とあるマイナーなスポーツリーグから、経営者を相手に講演してほしいという依頼が来た。ここで言うマイナーとは、NFL、NBA、MLB、NHLの4大リーグ以外という意味だ。

チケット営業スタッフの採用について説明する際に、ここでも私は現金を使った。スペイン・ペセタではなく米ドルだ。話を始める前に、参加者のうち財務畑から経営者に上り詰めた人がいるかを尋ねた。参加者の約半数の手が挙がった。

「なるほど。じゃあ、いま手を挙げた人だけが参加できるコーナーをやってみましょう」と私は言った。そしてポケットから10ドル札を取り出し、参加者に振って見せた。

「この10ドル札と交換で1ドルくれる人はいますか？」

何の反応もなかった。みんな黙って座ったままだ。通訳がしくじったわけでもない。英語話者に向けて、英語で質問しているのだから。

誰も動かないのでとうとう、私は1人選んで、その近くまで行った。「1ドル持ってますか？」

持ってはいた。彼は1ドルを掴んで、そのまま動かなかった。

「いかにも財務畑の人らしい」と私は言った。「10ドルを手に入れるために、1ドルを犠牲にすべきかと悩んでいるでしょう。手持ちの1ドルを『支出』だと考えている。マーケターなら、堅い投資だと考えますよ。1ドル渡せば10ドルが手に入るのだから」

10ドルと1ドルを交換した。そこで私は彼に「もう1ドル持ってますか？」と尋ねた。持っていた。私はまた10ドル札を出す。「この10ドル札で君の1ドル札をくれないか」

今回は、あまり間を置かずに交換に応じた。

「彼はコツを掴み始めた」と私は言った。「マーケター的思考ができるようになってきた」

自社をジャンプスタートさせたいなら、マーケター的思考が必須だ。企業には骨の髄まで財務型の思考が染み付いてしまっている。その企業に活力を与えるには、マーケティングが重要なのだ。

# おわりに——世界一流になる

チャールズ・ディケンズが『二都物語』を執筆した際に、実はニュージャージー・ネッツを念頭に置いていたのはすごいことだと思う。『二都物語』の執筆が、ネッツ発足の100年以上前だとかいうデータにとらわれてはならない。ディケンズは時代を先取りしていたのだ。アインシュタインの理論を使えば説明できるはずだ。

そこで本書を締めるにあたっては、チャールズ・ディケンズによるニュージャージー・ネッツへの賛辞を紹介したい。

最良の時代にして、最悪の時代だった。
知恵の時代であって、愚昧の時代だった。
確信の時代ながら、懐疑の時代だった。

晴明の季節でありつつも雲霧の季節、希望の春にして絶望の冬だった。
先行きは満ち足りて何一つ欠けることなく、しかもなお空漠は果てしなかった。
人はみなまっすぐ天国に向かい、それでいて正反対を指していた。

——ディケンズ『二都物語』池央耿訳（光文社古典新訳文庫、2016年）より引用

ニュージャージー・ネッツの社長に就任した当初、私はオーナーに、「私の目標は、ネッツが世界一流のチームになるサポートをすることだ」と伝えた。オーナーのうち数人は、目を丸くしていた。

最初のスタッフ会議でも、私は同じことを言った。従業員の数人は大笑いをした。

それから1年足らずで、オーナーも従業員も、惨めなネッツが本当に世界一流へと向かっている事実を目で見て、耳で聞いて、実感できるようになった。

ネッツの共同オーナーの一人が私に言った。

「NBAオーナーの参加する理事会で、以前はネッツにアドバイスを求めるチームは皆無だった。今では、いろんなチームのオーナーに呼び止められて、いったいどうやって状況を好転させたのかとあれこれ聞かれるよ」

NBAにはオーナーの集まる理事会だけでなく、チーム横断のスタッフ会議もある。チケット販売や広報活動、スポンサー営業など、さまざまな話題が議論される。ふつう、各チーム5～7人のスタッフが出席する。

以前なら、ネッツのスタッフは、こそこそと会議室に入って、後列でおとなしくしていた。ジャンプスタート・マーケティングを導入して以降は、同じスタッフが胸を張って会議室に乗り込み、前の席に座るようになった。もう最後列には甘んじていない。

とはいえ、チームの戦力はまるで改善していなかった。相変わらず見苦しい負け方をしていた。契約選手リストには依然として、バスケットボールへの熱意もなければ、勝利への意欲もない選手ばかりが並んでいた。

一例を挙げよう。シーズン終盤、ある選手がGMのウィリス・リードのところに来た。

「早く家に帰りたいんだ」と、選手は言った。

「早く家に帰るって、どういう意味？」とウィリスは尋ねた。

「うちはサンアントニオにあるんだけど、明日帰って空気の入れ替えをしたい」

「それはダメだ」とウィリスは言った。「まだ8試合残ってるだろう」

「どうせ全敗するのに？」

ウィリスはその選手に、「君は試合に出場する義務がある、早く帰ってはならない」と厳しく伝えた。

翌日、その選手は「腰が痛い」と言い出した。骨折や靭帯断裂とは違って、「腰が痛い」場合には原因の特定が難しい。標準的な手続きとして、選手はチームドクターの診断を受ける。チームドクターは、「椎間板ヘルニアなどの明らかな異常は見られないので、おそらく筋肉の張りだろう」と診断した。選手は、腰の専門医によるセカンドオピニオンを要求した。腰の専門医はたまたまサンアントニオを拠点としていた。選手は残り8試合を欠場した。こうしてサンアントニオの自宅には風が通った。

こんな選手だらけのチームでも、マーケティングに関しては永遠に成功し続けられると私は思った。

私たちはマーケットを理解していた。

自分たちが何者かも知っていた。

チーム（商品）のせいにしても仕方ないとわかっていた。

私たちは、イノベーションに没頭した。

そう、マーケティングの成功なら、永遠に続けられた。

# ジャンプスタート・マーケティングの断層線

「世界一流」という言葉が私の頭をよぎるようになり、そのことばかりを考えていた。でも、こんなお粗末なチーム状況では、世界レベルには決して到達できない、と私は思った。チームの未来にかすかな希望を見いだそうとはしたが、何の光明も見えなかった。ネッツは伝統芸のように、先ほどの選手のようなタイプとばかり契約するので、私は心底うんざりした。このチーム状態が歯がゆかった。というのも、ネッツの社長である私は、選手人事について、読者のあなたと同等の権限しか持っていなかったのだ。

ネッツと契約した時点から、このチームの悲惨さは理解していた。まともな過去の栄光もなければ、未来への希望もないチームなのはわかっていた。だからこそ、ネッツはジャンプスタート・マーケティングの原則を実証するには完璧な実験室だった。それはもう証明できた。証明しきったことで、ジャンプスタート・マーケティングを二分する断層線がはっきりしてきたのだ。

本書のテクニックをいくつか試せば、ジャンプスタート・マーケティングの効力をわかってもらえるだろう。ベストとは言えない商品のマーケティングで成功すると、マーケターとしての目線はおのずと高くなる。このままパッとしない商品のマーケティングで成功し続けてもいいのだが、今度はジャンプスタート・マーケティングの原則を使って、より優れた商品をマーケティングしたくなるはずだ。最高レベルの商品を手掛けたくなる。

この断層線に気づいた私は、ジャンプスタート・マーケティングを別の視点から捉えるようになった。ジャンプスタート・マーケティングには2種類あるのだ。

**①ほぼ永遠の成功**

企業にジャンプスタート・マーケティングを注入すれば、今より成功できる。それも長期間、成長を継続できる。一時的な応急処置ではなく、勝ち続ける組織文化を構築できるのだ。そのうちに商品改善も進むだろうが、たとえ商品が最良ではなくても、企業成長は続けられる。

**②世界一流への基礎固め**

ジャンプスタート・マーケティングを使えば、世界一流の企業をつくる時間を稼げる。

どういうことか説明しよう。ジャンプスタート・マーケティングを使えば、ベストではない商品でも売り上げを伸ばし、それを長期継続できる。その間に、より優れた商品を開発できるはずだ。業界で最高の商品を新たにつくれるかもしれない。考えてみてほしい。あなたは、ベストではない商品で成功できる方法を身につけた。同じジャンプスタート・マーケティングの原則を、最高レベルの商品に、あるいは、本気で最高の商品に適用したら、どうなるだろうか。世界一流になれるはずだ。

## そして旅は続く

ネッツとの契約は2年、1995年3月までの契約だった。コンサルタントとして2年、社長として2年ネッツにかかわってきて、そろそろ旅立つタイミングだと感じていた。とはいえ、労働争議もあり、夕陽に向かって気ままに去っていくエンディングを選ぶのは気が引けた。NBAと選手会間での合意が成立するまでは、1カ月単位の契約でチームに留まった。

1995年9月1日、ついに労使間の合意が成立し、私はネッツ社長を辞任した。ポートランドへ帰るのだ。

ポートランドに帰るのには、何の面倒もなかった。自宅も、海辺の別荘も売却せず維持していた。私と妻はニューアーク空港からポートランド行きの飛行機に乗るだけだ。

それから2週間後、私はアイルランドで強風に煽《あお》られながらゴルフをし、ギネスを飲み、この本を書いている。

本書執筆の傍ら、複数のプロスポーツチームからのコンサルティング依頼を引き受けた。ジャンプスタート・マーケティングは、各地でニュージャージーと同じく効力を発揮している。

いずれまた、スポーツチームを率いることになるかもしれない。その際には、あなたもぜひそのマーケットに参加してほしい。年間シートも買ってほしい。最初はわからなくても、それは、世界一流チームへの成長を目撃できる指定席になるはずだから。

そんなの、楽しいに決まっている。

【著者プロフィール】

**ジョン・スポールストラ（Jon Spoelstra）**

1968年ノートルダム大学（コミュニケーション専攻）卒業。1978年NBA（全米バスケットボール協会）のポートランド・トレイルブレイザーズ副社長、1989年デンバー・ナゲッツの社長兼CEO。1991年、NBAで観客動員数最下位だったニュージャージー・ネッツの社長兼CEOとなり、独自のマーケティング理論を適用して、NBAの27球団中、1位のチケット収入伸び率を達成した。ネッツ引退後はSROパートナーズを設立し、会長に就任。現在はマンダレー・スポーツ・エンターテインメントの社長を務めている。

【訳者プロフィール】

**佐々木 寛子（ささき・ひろこ）**

情報誌の編集者などを経てフリーランス。訳書に『マネージャーの全仕事』『怠惰なんて存在しない』『超長寿化時代の市場地図』など。大阪大学人間科学部卒。ストックホルム大学大学院ジャーナリズム研究科修士、東京都立大学大学院経営学研究科修士。


新版　エスキモーに氷を売る

2025年4月3日　　初版発行

著　者　ジョン・スポールストラ
訳　者　佐々木寛子
発行者　太田　宏
発行所　フォレスト出版株式会社
〒162-0824 東京都新宿区揚場町2-18　白宝ビル7F
電話　03-5229-5750（営業）
　　　03-5229-5757（編集）
URL　http://www.forestpub.co.jp

印刷・製本　新灯印刷株式会社



ISBN978-4-86680-304-3　Printed in Japan

『新版　エスキモーに氷を売る』購入者特典

## 増補新装版　マーケター伝説の書

# 『オレなら、3秒で売るね!』

（原題）『The Irresistible Offer: How to Sell Your Product or Service in 3 Seconds or Less』Mark Joyner

**PDF版（冒頭部分）無料プレゼント**

購入者特典として、『新版 エスキモーに氷を売る』読者におすすめの書籍、増補新装版『オレなら、3秒で売るね!』のPDF版（冒頭部分）をプレゼントします。

この書籍は、多くの起業家・マーケターから「伝説の書」と呼ばれて高い評価を受け、中古本市場では一時17万7950円という目を疑うような値がついていた書籍『オレなら、3秒で売るね!』を増補新装版としてリニューアルしたものです。

『新版 エスキモーに氷を売る』で学んだ商品の売り方に、『オレなら、3秒で売るね!』で解説される「圧倒的なウリ」を持つ商品づくりを組み合わせたらまさに鬼に金棒です。

あなたも、この伝説の書で「圧倒的なウリ」を手に入れてください。

**特別プレゼントはこちらから**
**無料ダウンロードできます**

**→ https://frstp.jp/ice**

※特別プレゼントはWeb上で公開するものであり、小冊子・DVDなどをお送りするものではありません。
※上記無料プレゼントのご提供は予告なく終了となる場合がございます。あらかじめご了承ください。